Jesus schrieb

Ulrich R. Matthes

Bibliografische Information der Deutschen Bibliothek
Die Deutsche Bibliothek verzeichnet diese Publikation in der Deutschen Nationalbibliografie; detaillierte bibliografische Daten sind im Internet über http://dnb.dnb.de abrufbar.

Umschlag: Marina Rudolph
Illustrationen: Anna Jäger-Hauer
Lektorat, Korrektorat: Renate Jung
Buchsatz & Layout: Verena Blumenfeld
Publishing: Sanvema Publishing UG (haftungsbeschränkt)

Druck und Distribution im Auftrag des Autors:
tredition GmbH, Halenreie 40–44, 22359 Hamburg, Deutschland

Paperback: 978-3-384-16028-7
Hardcover: 978-3-384-16194-9

Ulrich R. Matthes

Jesus schrieb

Das Neue Testament

vom Kopf auf die Füße gestellt

Inhalt

Vorwort: Kein Mensch braucht noch ein Jesus-Buch,
aber dieses sollten alle lesen 7

1. Kapitel: Dem Reich reicht's 22

2. Kapitel: Vom Kind der Liebe zum Propheten der Liebe 36

3. Kapitel: Jew on the Hill 57

4. Kapitel: Unterlaufen dem Messias Patzer,
helfen gerne die Besatzer 76

5. Kapitel: Kreuzschmerzen –
ein Schwamm und eine Pike unter dem Kreuz 93

6. Kapitel: Ein guter Abgang ziert die Übung –
oder eben auch nicht 112

7. Kapitel: Wer schreibt, der bleibt 126

8. Kapitel: Der Auferstandene fühlt sich wie ein neuer Mensch 135

9. Kapitel: Business-Plan für das Himmelreich 150

10. Kapitel: Durchkreuzt – das Kreuz mit dem Kreuz 162

Vorwort:
Kein Mensch braucht noch ein Jesus-Buch, aber dieses sollten alle lesen

Zu einer 2.000 Jahre alten Geschichte gibt es nichts Neues mehr zu berichten. Wenn Sie sich diesen Glauben bewahren wollen, dann legen Sie dieses Buch rasch wieder fort. Ansonsten kann ich für Ihren Seelenfrieden nicht garantieren …

Die Erzählungen über Jesus Christus haben den Lauf der Geschichte nachhaltig verändert und beeinflussen unsere Welt bis zum heutigen Tag. Es bleibt jedoch die Frage, ob Jesu energetischer Impuls selbst die Geschichte verändert hat oder ob er einfach zufällig in einer Phase des Umbruchs lebte, die ihn in die Popularität schwemmte. Mythen und Legenden folgen ihren eigenen Regeln, bei denen Logik oft keine Rolle spielt.

Bücher über Jesus Christus, sein Wirken und Leben, gibt es in einer schier unüberschaubaren Fülle, und jedes Jahr werden weitere veröffentlicht. Bis heute inspiriert, verwundert und erregt er die Menschen. Jesus Christ Superstar!

Das Besondere an Jesus Christus ist, dass von ihm gesagt wird, er habe tatsächlich existiert, und all das, was die Bibel erzählt, habe sich so zugetragen. Doch was genau berichtet die Bibel eigentlich?

Obgleich die Übermittlung seiner Geschichte zwei Jahrtausende überbrücken musste, reicht der Einfluss von Jesus Christus bis in unsere Zeit. Seine Lehren haben zahllose Menschen geprägt und inspiriert. Ob man nun gläubig ist oder nicht, eines steht fest: Die Geschichte von Jesus Christus ist ein wichtiger Teil der Menschheitsgeschichte und wird immer wieder kontrovers diskutiert und weiter erforscht werden. Denn auch, wenn die historischen Quellen begrenzt sind, bleiben die Faszination für seine Person und sein Erbe bestehen.

Jesus selbst schrieb nicht. Das ist der aktuelle und über Generationen zementierte Wissensstand, den dieses Buch zumindest herausfordern möchte.

Aber wer schrieb dann über ihn, und wie kam es zu der weltweiten Verbreitung seiner Lehren? Wie wurde ausgerechnet jener »Zimmermannssohn« aus Nazareth zum Begründer einer Religion, die in den folgenden 2.000 Jahren das Antlitz der Welt verändern sollte und heute Millionen Anhänger hat? Wie kam es, dass ausgerechnet Paulus von Tarsus, ein ehemaliger Christenverfolger, zu einem der wichtigsten und einflussreichsten Schreiber der Geschichte wurde? Seine Briefe sind die ältesten schriftlichen Zeugnisse des Christentums und bilden die Grundlage für den christlichen Glauben. Ein Mann, der ursprünglich gegen das Christentum kämpfte, wurde zu dessen größtem Botschafter. Warum?

Mit diesen Fragen ist der Inhalt dieses Buches umschrieben. Es liefert – teils zunächst radikal erscheinende – Antworten.

Daneben ist die Person des Autors unbedeutend.

Trotzdem: Ich wurde 1952 in Berlin geboren – in dem gottlosen Ostteil der Stadt, was mir eine religiöse Früherziehung – sprich: Indoktrination – ersparte. Die »Berliner Schnauze«, die kein Blatt vor den Mund nimmt, ist inzwischen wohl von Überfremdung bedroht, doch als Kind bekam ich von ihr noch eine große Dosis mit.

Die weltstädtische Atmosphäre hat meine Denkweise geprägt und mich zu einem meinungsfreudigen Individuum gemacht. Mein Mundwerk muss man im Zweifel separat totschlagen, so pflege ich zu sagen.

In meiner Schulzeit im goldenen Westen, in den wir Ostern 1959 zwei Jahre vor dem Mauerbau ausgeflogen wurden, machte ich erste Bekanntschaft mit dem »herzallerliebsten Jesulein«. Als mir Geschichten aus der Bibel erzählt wurden, wirkten sie auf mich eher wie Märchen. Johannes der Täufer erschien mir wie Rotkäppchen. Anfangs fasste ich diese Geschichten als solche auf. Doch je konkreter es wurde und je mehr ich erkannte, welchen Stellenwert einige Menschen der Religion beimessen, desto befremdeter war ich. Mein Konfirmationsunterricht endete, als mein Vater dem Pfarrer telefonisch bestätigte: »Wenn mein Sohn sagt, er kommt nicht mehr, dann kommt er nicht mehr.« Meine Eltern waren klasse und voller Nächstenliebe. Auch ohne Jesus.

Aus zahlreichen Begegnungen und Diskussionen habe ich viel über Religion gelernt, mit dem Ergebnis, dass ich mich als Atheist definiere. Genauer gesagt, bin ich sogar Antitheist, da ich Religion als etwas Schädliches betrachte. Ich halte sonst nicht viel von Lenin, aber mit dem »Opium für das Volk« hat er Recht.

Beruflich bin ich Ökonom, und dies spiegelt sich gelegentlich in meinen Erklärungsansätzen wider. Ich frage gern, warum Menschen investieren und welche Erwartungen sie damit verbinden. Allerdings sollten Prozesse weniger nach ihren Intentionen, sondern vielmehr nach den Ergebnissen beurteilt werden. So ist im Falle von Jesus Christus gewiss auch die Frage interessant, was er eigentlich erreichen wollte und wofür er sein Leben einsetzte. Bedeutsamer ist allerdings die Untersuchung, was er letztlich bewirkte. Ich verrate nicht zu viel, wenn ich feststelle: Das Himmelreich ist es nicht.

Im Laufe unseres Lebens werden uns unzählige Geschichten präsentiert. Bereits in unserer Kindheit begegnen wir den Märchen, die uns auf wundersame Weise verzaubern. Dabei sind wir uns im Grunde genommen einig, dass diese Geschichten größtenteils fiktiv sind, aber dennoch einen wahren Kern in sich tragen können. Wenn wir schließlich begreifen, dass die Wölfe nicht so böse sind, die Prinzessinnen nicht immer nur schön und die Prinzen nicht immer nur edel, eröffnet sich uns die weite Welt der Literatur.

Dort begegnen wir einer unglaublichen Vielfalt an Geschichten und Erzählungen. Da sind wir dankbar für Hinweise, ob wir uns in der Welt der Fiktion oder der Realität befinden. Als Kindheitsheld hatte ich persönlich eine besondere Verbindung zu Karl May. Er war jemand, der der Welt erzählen wollte, dass er alle Abenteuer, die er niederschrieb, tatsächlich selbst erlebt hatte. Ein Umstand, der seinen Humor und seine Fantasie unterstreicht und ihn mir bis heute sympathisch macht. Auch der allseits beliebte Baron Münchhausen erfand alle seine Abenteuer, und dennoch werden sie bis heute gerne gelesen.

Scharf abgegrenzt von fiktiven Geschichten gibt es jedoch auch den großen Bereich der Geschichtsschreibung. Die Geschichtswissenschaft hat das Ziel, die politischen, machtpolitischen und kulturellen Entwicklungen im Verlauf der Menschheitsgeschichte wissenschaftlich zu erforschen und darzustellen. Sie liefert uns – dem Anspruch nach – einen belegten Nachweis über den Lauf der Geschichte und zeigt uns die Zusammenhänge und Veränderungen auf.

Das hat etwas Beruhigendes. Es lässt uns glauben, dass Geschichte einem nachvollziehbaren Lauf folgt, weg vom Chaos und der Gewalt, vom finsteren Mittelalter hin in unsere erleuchtete, sichere Neuzeit und Gegenwart. Das möchten uns die Geschichtsbücher glauben lassen, und ein ganzer Zweig von Wissenschaftlern ist ausschließlich damit beschäftigt, dieses Narrativ weiter zu befüttern.

Ob es Ihren Glauben daran erschüttern mag zu wissen, dass die Kirche in Deutschland bis heute ein nicht geringes Wort dabei mitzureden hat, wer auf eine Professur für Geschichtswissenschaften berufen wird?

Wer Leichen im Keller liegen hat, muss auf den Kellerschlüssel gut aufpassen.

Die uns überlieferte Darstellung der Historie möchten wir gerne für möglichst objektiv und vor allem vollständig halten, eine Art niedergeschriebene Wahrheit, die jene, die lange vor uns lebten, nachkommenden Generationen hinterließen, damit es uns leichter fällt, die Vergangenheit und die eigene Herkunft zu verstehen. Doch wie die Erfahrung zeigt und ein geflügeltes Wort bestätigt, wird die Geschichte eben immer von den Siegern geschrieben. Was für würdig betrachtet wurde, aufgeschrieben und überliefert zu werden, das entschieden jene, die die Macht innehatten oder besser: ihre Chronisten.

Diese Chronisten haben eben nicht aufgeschrieben, was sie erlebt haben, sondern jene geschichtlichen Augenblicke ausgespart oder verzerrt berichtet, die ihren Herren unangenehm gewesen wären. In diesem Sinne ist es einleuchtend, dass die Geschichtsbücher oft ein völlig anderes Bild zeichnen als die subjektive Erfahrung der Menschen, die direkt beteiligt waren. Mit seinem berühmten Zitat »Ich kam, sah und siegte« wollte Julius Cäsar gewiss keinen Ablaufplan des Gallischen Krieges liefern, sondern sich selbst in ein strahlendes Licht setzen.

Wer das nicht glauben mag, kann sich auch in der jüngeren Geschichte anschauen, was auf Kriege folgt. Kriegsverbrecher gibt es nur auf der Seite der Verlierer. Die Sieger kennen nur Helden. Insofern ist die Geschichte immer kritisch zu betrachten, denn oftmals handelt es sich um politisch motivierte Heldenverehrungen.

Viele Menschen glauben zu wissen, dass bei Waterloo die zähen Engländer und die kampfstarken Preußen Napoleon eins auf seinen komischen Hut gaben, indem sie seine Armee besiegten. Nur wer sich genauer damit beschäftigt, wird erfahren, dass die Hälfte der französischen Armee völlig sinnlos im Nieselregen herumlief und in die Kämpfe gar nicht eingriff. Das schmälerte den Ruhm der Sieger und war den Franzosen unendlich peinlich. Deswegen hört man so wenig von diesem Schlachtverlauf. Und jedes Schulkind weiß, dass Christoph Columbus angeblich Amerika entdeckte. Nur wer nachfragt, erfährt, dass er gar nicht wusste, wo er war, und wohl auch zeit seines Lebens nicht verstand, was er da eigentlich entdeckt hatte. Und etliche Seefahrer, wie zum Beispiel die Wikinger, waren vorher dagewesen. Doch auch sie erkannten nicht, wo sie waren, und realisierten daher die Bedeutung ihrer Landung nicht. So hinterließen sie nur spärliche Spuren, statt lautes Geschrei anzustimmen. Das tat dann erst ein italienischer Reiseschriftsteller namens Amerigo Vespucci, weswegen der Kontinent Amerika heißt. Nicht immer entscheidet die Leistung, häufig die Vermarktung. Sollte das beim Christentum auch so sein?

Neben der politischen Geschichte gibt es den hochsensiblen Bereich der Religionsgeschichte. Wenn man es bei der politischen Geschichtsschreibung schon mit der Wahrheit nicht so genau nahm, steht zu befürchten, dass das in der Religionsgeschichte nicht besser ist. Besonders interessant sind da die sogenannten Hochreligionen, von denen hier auch die Rede sein soll.

Man muss allein schon vom Sinn der Sache her davon ausgehen, das religiöse Schriften nicht die reine Wahrheit und gesicherte Fakten transportieren sollen, sondern dazu dienen, Menschen zu beeinflussen und zu manipulieren, um sie möglichst gefügig und benutzbar zu machen.

Und hier kommt Jesus Christus ins Spiel. Sein Leben und Wirken fällt in eine Zeit des Umbruchs, geprägt von politischen Machtkämpfen und sozialen Veränderungen. Eine Zeit, in der viele bedeutende Persönlichkeiten lebten, deren Leben von Historikern aufgezeichnet wurde. Doch warum gibt es von Jesus selbst keine schriftlichen Zeugnisse?

Vielen gläubigen Christen ist nicht bewusst, dass vor 2.000 Jahren in Judäa das Volk weitgehend alphabetisiert war. Wer in die strenggläubige jüdische Gemeinde aufgenommen werden wollte, musste aus den Glaubensschriften vorlesen können, insbesondere bei Vorformen dessen, was man heute Bar/Bat Mitzwa-Zeremonie nennt. Daher ist davon auszugehen, dass die Menschen in Judäa durchweg Hebräisch lesen und schreiben konnten. Es gibt keinen plausiblen Grund anzunehmen, dass Jesus von Nazareth hier eine Ausnahme gewesen wäre. Als Kind aus einer Handwerkerfamilie gehörte er nicht zur Unterschicht. Ergo können wir fest davon ausgehen, dass Jesus lesen und schreiben konnte. Der Eifer, mit dem er mit Gelehrten im Tempel über die Thora diskutierte, spricht dafür, dass er sogar sehr belesen war – ein Bildungsbürger.

Zudem war Jesus von Nazareth ein Mensch von großem Sendungsbewusstsein, der fest daran glaubte, der Menschheit viel zu sagen zu haben. Kann es sein, dass ein solcher Mensch, der sich als Lehrer sieht und schier zerbirst an dem, was er den Menschen alles offenbaren will, von der Bühne abtritt und nichts Schriftliches hinterlässt, obwohl er schreiben konnte?

Im Gegensatz zu anderen bedeutenden Religionen ist das Christentum eine Buchreligion. Das Neue Testament, um das es hier geht, beruht – verglichen mit dem Alten Testament, das der Thora der Juden entspricht – weniger auf Heldensagen und Mythen, sondern auf der Person Jesu und seinem Wirken in der Welt. Während Wissenschaftler uns zu berühmten Berichten aus der Frühgeschichte wie dem Auszug des jüdischen Volkes aus Ägypten oder der Eroberung des Heiligen Landes heute eröffnen, diese Ereignisse seien aus historischer und archäologischer Sicht nicht haltbar, also nie geschehen, kann uns das bei dem Leben von Jesus nicht passieren. Dort ist ein realer Kern gewiss und belegt.

Es sind die Evangelien, die uns berichten von seinen Taten und Worten, doch auch sie sind nicht vollständig objektiv, sondern spiegeln die Sichtweise der jeweiligen Autoren wider. Intransparent sind auch die Quellen, auf denen ihre Berichte beruhen. Immerhin liegen zwischen dem eigentlichen Geschehen und der Entstehung der Texte mindestens 40 Jahre, bis zur Veröffentlichung zum Teil noch mehr. Hinzu kommen die Briefe des Paulus, der in seiner Person und Entwicklung ganze Bündel von Fragezeichen aufwirft. Diese Berichte sind die Grundlage des Neuen Testaments und des christlichen Glaubens.

An dieser Stelle möchte ich meine persönliche Erfahrung einfließen lassen – mit 70 Lebensjahren sei mir das zugestanden. Dinge, die als heilig bezeichnet werden, sind meiner Meinung nach außerordentlich verdächtig, weil der Heiligenschein meist verdecken soll, dass das, was darunter ist, besonders falsch und verlogen ist. Was heilig ist, soll davor beschützt werden, dass jemand den Schleier lüftet. Und wird der Schleier gelüftet, ist die Erkenntnis meistens erschütternd.

Unsere Glaubensschrift, die Bibel, wird gern auch als »Heilige Schrift« bezeichnet. Auch im Englischen heißt sie »The Holy Bible«. Nähern wir uns dem Wort »heilig« einmal an.

Heilig bedeutet in diesem Zusammenhang wertvoll, schützenswert und unantastbar, ehrfurchtgebietend. An das Heilige stellt man nicht allzu viele kritische Fragen, das Heilige will angebetet und verehrt werden. Die Ehrfurcht vor ihm ist in uns Menschen wohl tief verankert.

Ein besonderer Aspekt sind heilige Männer und Frauen. Wann immer irgendwo auf der Welt, in irgendeiner Phase der Menschheitsgeschichte im Dunstkreis einer Religion ein Mensch morgens vor seine Behausung trat und mit bebender Stimme kundtat, ihm sei des Nachts eine wundersame Gestalt begegnet, ein Engel vielleicht oder gar eine Gottheit höchst selbst, und diese Gestalt habe ihm Geheimnisse aus dem Jenseits und der Zukunft offenbart, hätte man diesen Propheten zuallererst fragen müssen, was er am Abend zuvor eingenommen hat.

Das Wissen um Drogen und Halluzinogene ist in der menschlichen Gesellschaft uralt. Schon in der Frühgeschichte nicht wissenschaftlich erforscht, aber durch Erfahrungen unterlegt.

Da ist es doch verwunderlich, dass selbsternannte Propheten auch mit den fantastischsten Aussagen immer wieder wundergläubige Anhänger finden, die ihnen vertrauen. Dabei ist für einen Drogenkonsumenten die Vorstellung eines brennenden Dornbusches, der zu ihm spricht, beinahe Kinderkram. Wer LSD nimmt, kann sich leicht vorstellen, wie Mohammed auf seinem Pferd in den Himmel reiten konnte.

Allerdings muss man auf solchen Traumbildern nicht gleich eine Weltreligion aufbauen. Und es geht auch ohne Drogen. Ich möchte nicht wissen, wie viel Prügel der kleinen Bernadette Soubirous in Lourdes angedroht wurden, sollte sie jemals von ihrer Geschichte der Marienerscheinung abweichen.

Müssen wir tatsächlich damit leben, dass alle Inhalte der Bibel als von heiliger Natur gelten? Schauen wir uns noch Aspekte an, die im Kontext der Zeit und des kulturellen und politischen Hintergrunds betrachtet werden müssen.

Die Kirche ist eine Institution der Macht, und diese Macht basiert auf der wundersamen Geschichte von Jesus Christus, dem Gottessohn, der für unsere Sünden am Kreuz starb, nach drei Tagen wieder auferstand und dann in den Himmel aufstieg. Und seither warten alle auf den Tag des Jüngsten Gerichts, an dem die Engel mit ihren Posaunen uns aus unseren Gräbern auferstehen lassen, auf dass über uns alle gerichtet werde. Bis dahin sollten wir ein möglichst gottgefälliges (oder doch kirchengefälliges?) Leben führen und nicht gegen jenen Platz aufbegehren, den Gott uns zugewiesen hat. Daran wollte selbst Martin Luther als Reformator nicht rütteln.

So manch armer Teufel unter uns mag noch heute davon überzeugt sein, dass Gott selbst ihn strafe, wenn er eine Sünde begeht, und sei es nur, die Hände des Nachts nicht über der Bettdecke zu lassen.

Was der Kirche missfiel – und das war so ziemlich alles, was Spaß machte oder den Menschen befreite – wurde vernichtet oder wird seither in den Archiven unter der Engelsburg unter Verschluss gehalten. Keine andere Religion ist so schriftwütig wie das Christentum. Propaganda war zu allen Zeiten das Mittel der Kirche, und zu dieser Propaganda gehören das Schreckensszenario der Höllenqualen für alle bösen Sünder und der Einlass in die Himmelspforte für all jene, die sich so verhielten, wie es die Kirche von ihnen verlangte – also mehr oder minder auf ihren Knien lebten. Das ist absolute Macht. Und bekanntlich korrumpiert absolute Macht absolut.

Ein weiteres interessantes Phänomen in der Religionsgeschichte ist die Evolution von Religionen. Wie entstehen sie, wie verändern sie sich, welche Einflüsse spielen dabei eine Rolle? Religion unterliegt immer starken Wechselwirkungen mit der Kultur und der Gesellschaft einer Region oder eines Volkes. Oft ist dies mit politischen Machtgelüsten verbunden, wie zum Beispiel bei der Christianisierung Europas oder der Missionierung von indigenen Völkern in Amerika fast bis hin zur Ausrottung. Da ging es ja nicht nur um schöngeistige Werte, sondern um Macht und Geld. Gerade kürzlich habe ich einen Bericht darüber gesehen, wie der Raub von Edelmetallen in Südamerika wegen des Überflusses an Zahlungsmitteln die Inflation in Europa angeheizt hat.

Man sollte sich bewusst machen, dass die katholische Kirche über Jahrhunderte, nämlich bis ins ausgehende Mittelalter, in Europa die unbeschränkte Macht über das Schriftgut hatte, weil ausschließlich ihre Vertreter lesen und schreiben konnten. Das heißt, kaum etwas, das in der Antike geschrieben wurde, kann Bestand gehabt haben, wenn es im Gegensatz zu dem stand, was die Kirche vertreten wollte.

Wenn im Mittelalter über dem Vatikan weißer Rauch aufstieg, dann hatte man einen neuen Papst. Wenn schwarzer Rauch aufstieg, vernichtete man wieder eine antike Quelle. Kaum etwas, was davon übriggeblieben ist und es bis in die Neuzeit geschafft hat, kann nach dieser totalitären Einflussnahme, die über Jahrhunderte stattfand, noch unverfälscht sein. Und wer die Geschichte von der Konstantinischen Schenkung kennt, der weiß, dass die Kirche auch nicht vor Fälschungen zurückschreckte. Bedeutende Dinge wie das Papsttum und der Kirchenstaat sind erwiesenermaßen das Ergebnis einer dreisten Urkundenfälschung.

Die Religionsgeschichte ist nicht nur von Macht und Einfluss politischer Art geprägt, sondern auch von menschlichen Fehlern und kriminellen Manipulationen. Wie viel Wahrheit kann in den religiösen Schriften noch zu finden sein?

Was wäre, wenn uns tatsächlich eine Biografie von Jesus aus erster Hand vorliegen würde, nur eben unter einem anderen Namen?

Doch wer schrieb sie eigentlich, diese Geschichte Jesu? Wenn man sein Abbild erbärmlich am Kruzifix an der Wand hängen sieht, kann man ihn wohl kaum als den Sieger bezeichnen, der eine Deutungshoheit über die Geschichtsschreibung besaß. Tatsächlich sind von ihm selbst keine schriftlichen Zeugnisse überliefert – so der aktuelle Stand.

Alles, was zumindest in den ersten Generationen nach einem bedeutenden Ereignis oder einer als bedeutend erachteten Entwicklung aufgeschrieben wird, ist stets aus der Siegerperspektive heraus entstanden und damit zutiefst subjektiv. Mit etwas Glück kann dann viele Generationen später die Wissenschaft herausfinden, was wirklich passierte. Glück deshalb, weil das, was an Quellen gefunden wird, stark vom Zufall abhängt. Nicht alle Aufzeichnungen eifriger Chronisten überleben die Wechselfälle der Geschichte, man denke nur an den Brand in der ruhmreichen Bibliothek von Alexandria, jener legendären Urform einer Bibliothek, wo so ziemlich das gesamte Wissen der Antike ein Raub der Flammen wurde. Und manches, was dazu gedacht war, die Zeit zu überdauern und möglicherweise sogar die Zukunft zu verändern, hatte mit den historischen Tatsachen nichts zu tun, wie etwa die bereits erwähnte Konstantinische Schenkung.

Dabei handelt es sich um eine inhaltsschwere Urkunde aus dem 4. Jahrhundert, die die Schenkung des Vatikanstaates durch Kaiser Konstantin den Großen an die Kirche, konkret das Papsttum, dokumentieren sollte. Sie spielte eine wichtige Rolle in der Machtausübung der Päpste, wurde jedoch im 15. Jahrhundert von einem engagierten Humanisten, selbst Italiener, der von den Lügen der Kirche die Nase gehörig voll hatte, als Fälschung entlarvt. Die Analyse des Sprachstils und der erwähnten Institutionen wiesen klar darauf hin, dass das Dokument nicht aus der Zeit Konstantins stammen konnte. So war es »in Konstantinopel« unterzeichnet, obgleich die Stadt zu der betreffenden Zeit noch gar nicht so hieß.

So manches, dessen wir uns also vermeintlich gewiss sind, weil es uns die Geschichtsbücher so beibringen, hat aller Wahrscheinlichkeit nach mit der historischen Wahrheit wenig zu tun.

Das Neue Testament der Bibel besteht im Wesentlichen aus etwas, das man Heilsgeschichte nennt. Auch das Wort »Heil« ist hierbei schon wieder ein verdächtig nah am Heiligen liegender Begriff. Viele Menschen bauen auf die Zentralfigur dieser Heilsgeschichte, nämlich auf Jesus Christus, von dem hier die Rede sein soll, ihren gesamten Wertekanon auf. Ich kenne Menschen, die sagen, die Bergpredigt ist für sie die Leitlinie ihres Lebens. Da bleibt nur zu hoffen, dass sie wissen, was Jesus auf dem Berg eigentlich gesagt hat.

Ich möchte mich mit dieser Heilsgeschichte gerne beschäftigen, weil sie mir in mehrfacher Hinsicht verdächtig ist. Zum einen ist ihre Bedeutung für unseren Kulturraum natürlich nicht zu überschätzen. Sie weist jedoch einige Merkmale auf, die ich als deutliche Indikatoren für eine tiefergehende Untersuchung betrachte.

Der erste Hinweis sind leere Seiten. Wenn über Themen, die von allgemeinem Interesse sein könnten, nichts gesagt wird, ist das verdächtig. Natürlich kann es sein, dass die Autoren tatsächlich keinerlei Informationen vorliegen hatten. Die zweite mögliche Erklärung ist allerdings, dass sie sehr genau wussten, was passierte, und es nicht in den Kontext dessen passte, was sie vertreten wollten. Dann lässt man verlegen einige leere Seiten, ehe man schreibt, was die eigene Geschichte zerstört.

Der zweite Indikator, den ich erwähnen möchte, ist das Auftreten von Mystik. Ich persönlich halte von Mystik überhaupt nichts und bin der Ansicht, dass immer, wenn in einer Geschichte etwas Mystisches geschieht, in Wahrheit etwas verdeckt werden soll. Mystik ist ein Werkzeug der Ablenkung und Verschleierung, wenn man die Wahrheit nicht darstellen will oder kann. Was die Mystik betrifft, ist der Heilige Geist zweifellos der herausragende Faktor.

Jedes Mal, wenn der Heilige Geist aus der Dreifaltigkeit hervortritt wie der Kobold aus der Kiste (für die Lateiner: deus ex machina), scheint etwas in der Geschichte überhaupt nicht zu stimmen. Dies ist ein Aspekt, den wir genauer betrachten sollten, um uns an das historisch wahre Geschehen heranzutasten.

Um Missverständnisse zu vermeiden, möchte ich betonen, dass mein Ziel nicht darin besteht, Jesus von Nazareth herabzusetzen, ganz im Gegenteil. Der Mann war zweifellos großartig und von kaum zu übertreffender Bedeutung, allerdings auf andere Weise, als die Kirche uns glauben machen will. Auch möchte ich zeigen, dass Jesus von Nazareth sehr wohl Schriftliches hinterlassen hat.

Dies anzuerkennen, fällt den Hütern des Glaubens allerdings schwer, denn für die Christen ist Jesus in den Himmel aufgefahren, was sich mit einer schriftstellerischen Tätigkeit im Irdischen schlecht verträgt.

1. Kapitel:
Dem Reich reicht's

Reisen wir zurück, rund 2.000 Jahre in die Vergangenheit, und betrachten wir die Welt, in die Jesus damals hineingeboren wurde. Das Judentum, Urtypus einer monotheistischen Religion, entstand um das 18. Jahrhundert v. Chr. mit der biblischen Figur Abraham. Abraham gilt als Stammvater der Israeliten, dessen Nachkommen das Land Kanaan im östlichen Mittelmeerraum besiedelten. Nach einer Periode der Sklaverei in Ägypten im 13. Jahrhundert v. Chr. und der darauf folgenden Exodus-Episode soll Moses das Volk Israel zurück ins Gelobte Land geführt haben. Eine Überlieferung, die heute umstritten ist.

Im 11. Jahrhundert v. Chr. wurde das Königreich Israel unter König Saul gegründet, das sich unter dem legendären König David und seinem Sohn Salomon, der historisch nicht nachweisbar ist, vergrößerte und stärkte. Danach spaltete sich das Königreich in zwei Teile: das nördliche wohlhabende Königreich Israel und das südliche ärmere Königreich Juda.

Das nördliche Königreich Israel fiel 722 v. Chr. an das assyrische Reich, wobei zehn der legendären zwölf Stämme Israels entführt wurden, die bis heute nicht wieder gefunden wurden. Ihr Schicksal verliert sich im Nebel der Geschichte. Das südliche Königreich Juda hatte bis 587 v. Chr. Bestand, bis es vom babylonischen König Nebukadnezar II. zerstört wurde. Dies markiert den Beginn der babylonischen Gefangenschaft.

Nach der Eroberung Babyloniens durch das persische Reich unter Kyros dem Großen im Jahr 538 v. Chr. wurde den Juden die Rückkehr nach Juda erlaubt. Hier entstand das zweite jüdische Gemeinwesen, das bis zur römischen Eroberung im Jahr 63 v. Chr. Bestand hatte.

Das Judäa zur Zeit um Christi Geburt war eine von Konflikten und politischer Unruhe geprägte Region. Römische Herrschaft hatte sich wie ein aufdringlicher Gast, der sich ungefragt auf die Couch wirft und die Fernbedienung an sich reißt, über das Land ausgebreitet.

Diese Herrschaft war allerdings nicht das Ergebnis einer feindlichen Übernahme, sondern eher eines erbitterten Bruderkrieges zwischen den Hasmonäern.

Julius Caesar, seinerzeit Kaiser in Rom, ergriff Partei für einen der Brüder. Und wie das so läuft in den Geschichtsbüchern, war der siegreiche Bruder dankbar, und Judäa wurde zu einem römischen Klientenstaat. Die Provinz Judäa umfasste die Großregion südlich der Provinz Syria bis Ägypten.

Pompeius der Große – ein römischer General und Staatsmann – war eine Schlüsselfigur in der Geschichte Judäas, der seine Karriere als militärischer Befehlshaber begann und schließlich einer der mächtigsten Männer Roms wurde. Im Jahr 67 v. Chr. nahm Pompeius eine herausragende Rolle in der römischen Expansion ein. Nach einer erfolgreichen Seeschlacht gegen die Seeräuber im östlichen Mittelmeer wandte er sich einem neuen Ziel zu – Judäa. Er brach mit einer gewaltigen Armee nach Osten auf, entschlossen, dieses für Rom strategisch wichtige Land zu erobern. Die jüdische Bevölkerung und ihre politischen Führer, die Hasmonäer, waren tief gespalten. Diese Uneinigkeit machte es Pompeius leicht, das Land zu erobern. Er belagerte Jerusalem, das Herz Judäas, und eroberte nach einer dreimonatigen Belagerung, während derer viele Juden starben, die Stadt.

Diese Eroberung war mehr als nur eine militärische Leistung. Sie markierte einen tiefgreifenden Wandel in der Geschichte Judäas. Das zuvor unabhängige jüdische Königreich wurde zu einer römischen Provinz unter Pompeius' Kontrolle.

Bis zu seinem Tod im Jahr 48 v. Chr. verwaltete Pompeius Judäa als römische Provinz, führte römische Gesetze und Zollgebühren ein und veränderte so die gesellschaftlichen und wirtschaftlichen Strukturen des Landes nachhaltig. Nach seinem Tod trat in Judäa eine Phase des politischen Umbruchs und der Unsicherheit ein. Das römische Reich war in einen Bürgerkrieg verwickelt, der das gesamte Reich erschütterte.

Die nächste bedeutende Figur, die auf der Bühne erscheint, ist Herodes der Große, der in die Geschichte als einer der mächtigsten und umstrittensten Herrscher Judäas eingehen sollte. Er wurde um 73 v. Chr. in eine wohlhabende idumäische Familie geboren, eine ethnische Gruppe, ursprünglich aus dem südlichen Jordanien, die von den Juden gezwungen wurde, zum Judentum zu konvertieren. Herodes wurde im Jahr 37 v. Chr. vom römischen Senat zum König von Judäa ernannt. Unterstützt von Marcus Antonius und später von Octavian (dem zukünftigen Kaiser Augustus), erlangte Herodes die Kontrolle über das gesamte Gebiet von Judäa.

Herodes' Herrschaft war gekennzeichnet durch politische Intrigen, brutale Familienfehden und eine eiserne Kontrolle über das jüdische Volk. Seine Regierungszeit stand unter den Vorzeichen religiöser Spannungen. Obendrein betrachteten viele Juden seinen Versuch, die jüdische Religion und Kultur mit der hellenistischen und römischen Kultur zu verschmelzen, als Bedrohung ihrer Identität und ihres Glaubens.

Nach dem Tod von Herodes dem Großen im Jahr 4 v. Chr. entstand ein Machtvakuum in Judäa. Sein Königreich wurde unter seinen drei Söhnen aufgeteilt.

Archelaus regierte in Judäa, bewies jedoch nicht die Führungsqualitäten seines Vaters und wurde von den Römern im Jahr 6 n. Chr. abgesetzt. Damit wurde Judäa direkt von römischen Präfekten und später von Prokuratoren regiert.

Es war in dieser Zeit, im Jahr 26 n. Chr., dass ein gewisser Pontius Pilatus zum fünften Präfekten von Judäa ernannt wurde, der im weiteren Verlauf unserer Geschichte noch eine bedeutende Rolle spielen soll.

Die Gesellschaft Judäas zu Lebzeiten Jesu war durchmischt wie ein orientalischer Gewürzmarkt: auf der einen Seite die Sadduzäer, die Oberschicht, die sich gut mit Rom arrangiert hatte, auf der anderen Seite die Pharisäer, die Mittelschicht, die sich an die Gesetze hielt und eher dem Slogan »Make Judäa Great Again« folgte. Dann gab es noch die Essener, die sich in die Wüste zurückgezogen hatten, um auf göttliche Unterstützung zu warten, und die Zeloten, die bereit waren, für die Befreiung von Rom zu kämpfen.

Die Kultur war ebenso vielfältig: eine Mischung aus jüdischen Traditionen, griechischem Einfluss und römischen Gewohnheiten. All diese Faktoren erzeugten eine Schmelztiegelatmosphäre, aber auch starke Spannungen.

Die Probleme waren zahlreich. Die römischen Steuern etwa waren im Volk von Judäa ungefähr so beliebt wie Zahnschmerzen, die soziale Kluft wuchs, ständig gab es Unruhen.

Die Zeloten, eine radikale jüdische Gruppe in Judäa, lehnten die römische Herrschaft vehement ab und waren bereit, für die Befreiung von Rom mit Gewalt zu kämpfen. Ihre Aufstände führten zu blutigen Konflikten und Vergeltungsschlägen der römischen Truppen. Zusätzlich führte die Unzufriedenheit mit der von den Römern eingesetzten jüdischen Oberschicht zu innerjüdischen Konflikten. Es gab Konflikte zwischen den Sadduzäern, die weitgehend mit der römischen Herrschaft kooperierten, und den Pharisäern, die eine striktere Einhaltung der jüdischen Gesetze befürworteten.

Hinzu kamen religiöse Konflikte. Die römische Verwaltung hatte in all ihren Provinzen stets ein Nebeneinander von zahlreichen Kulten und Göttern ermöglicht, was die jüdischen Monotheisten als blasphemisch, als gotteslästerlich empfanden.

Die meisten Juden hielten die Römer für Barbaren, was diese wiederum überhaupt nicht gewohnt waren. In ihrer Wahrnehmung trugen sie die Fackel der Zivilisation, wie sie es etwa in den germanischen Provinzen getan und die dort einheimische Bevölkerung mit Verachtung gestraft hatten – mit nicht ganz so durchschlagendem Erfolg wie erhofft.

All diese Faktoren trugen zu einer Atmosphäre beständiger Unruhe und des Widerstands gegen die römische Herrschaft in Judäa um die Zeit von Christi Geburt bei.

Treten wir nun aber einen Schritt zurück und betrachten wir die Gegebenheiten jener Zeit aus einer etwas größeren Perspektive und schauen wir uns an, wie es um das Römische Reich als Ganzes zu jener Zeit bestellt war.

Das Römische Reich zur Zeit der Geburt von Jesus Christus war eine durchaus beeindruckende Mischung aus kulturellem Fortschritt, politischer Macht und sozialer Ungleichheit. Es war eine Welt, die von der Eisenfaust des römischen Imperiums beherrscht wurde, voll von Militärmacht.

Sie erstreckte sich zu dieser Zeit von den wüstenhaften Regionen Nordafrikas über die sonnigen Gefilde des Mittelmeerraums bis hin zu den regnerischen Ecken Britanniens und den frostigen Gebieten Germaniens. Und da lag auch das elementare Problem des Reiches.

So mächtig die römischen Armeen auch sein mochten, stellten die schier endlosen Grenzen, jenseits derer wenig freundlich gesonnene Völker lebten, eine Situation permanenter Verletzlichkeit dar. Man nennt das heute »strategische Überdehnung«. Das Problem einer Großmacht, die sich fast zu Tode gesiegt hat und nun eine kaum beherrschbare Vielzahl von Interessen schützen muss. Was Rom in dieser Lage am wenigsten gebrauchen konnte, waren ständige Unruheherde.

Im Norden, an den kalten, unwirtlichen Grenzen des Reiches, musste man sich nicht nur mit den aufsässigen Barbaren wie etwa den Germanen herumschlagen, sondern auch mit einem Wetter, das eher dazu geeignet war, mediterran geprägten Besatzern den letzten Nerv zu rauben, statt als Schauplatz für heldenhafte Eroberungszüge zu dienen.

Doch die Germanen, angeführt von Arminius, kannten keine Rücksicht. Im Jahr 9 n. Chr. lockten sie die Römer durch Verrat, List und bessere Ortskenntnis in die Varusschlacht, wo drei römische Legionen im Biotop »Deutscher Wald« elend verbluteten. Die römischen Träume von einer weiteren Expansion im Norden erhielten einen empfindlichen Dämpfer. Das Gefühl für die eigene Verletzlichkeit keimte auf.

Augustus, der von 27 v. Chr. bis 14 n. Chr. an der Macht war, hatte zwar versucht, mit seinen Reformen die römische Republik zu stabilisieren, doch sein Bemühen ähnelte eher dem Versuch, ein Kartenhaus im Wind aufzubauen. Die Senatoren, die mehr an persönlicher Bereicherung als am Wohlergehen Roms interessiert waren, untergruben seine Bemühungen, und so blieb das politische Klima in Rom genauso instabil wie ein Schiff in einem Sturm.

Noch hielt das Selbstbewusstsein der Römer. Immerhin hielten sie sich für das Zentrum der Welt.

Das Römische Reich verfügte über eine gut organisierte Verwaltung, eine blühende Wirtschaft und ein ausgeklügeltes Straßennetz, das den Handel erleichterte. Kein Wunder also, dass die Römer so erfolgreich waren.

Aber mit all ihrem Prunk und ihrer Macht gab es doch etwas, das ihnen fehlte – das Reich hatte keine eigene identitätsstiftende Ideologie.

In der römischen Gesellschaft war Religion ein integraler Bestandteil des täglichen Lebens und der Staatsführung. Die Römer waren polytheistisch, was bedeutet, dass sie an viele Götter glaubten, die jeweils über verschiedene Aspekte des Lebens und der menschlichen Erfahrung herrschten. Die meisten dieser Götter hatten sie kurzerhand von den Griechen übernommen und praktischerweise umbenannt: Aus Zeus wurde Jupiter, aus Aphrodite Venus und so weiter. Doch die Römer waren nicht wählerisch; auch aus anderen Religionen wie den Babyloniern wurden einfach Götter und Göttinnen eingemeindet, wenn man sie für interessant genug hielt. Diese Götter wurden in den öffentlichen und privaten Sphären verehrt, mit Ritualen und Festen, die das ganze Jahr über stattfanden. Im Unterschied zum strikten Monotheismus der Juden, der einen einzigen, allmächtigen Gott verehrte, wurde die Vielzahl der römischen Götter als Ausdruck der Vielfalt des Lebens und der menschlichen Erfahrungen gesehen. Wenn man einen neuen Gott in sein Pantheon aufnahm, war dies für die Römer eine ganz selbstverständliche Erweiterung des spirituellen Horizonts. Von neuen Göttern konnte man etwas Neues lernen, und so waren viele von ihnen im römischen Pantheon herzlich willkommen.

Diese Auffassung von Religion stand im krassen Gegensatz zur jüdischen Tradition, welche die Verehrung eines einzigen Gottes als alternativlos ansah und die Verehrung anderer Gottheiten als Gotteslästerung und Abfall vom wahren Glauben betrachtete.

Aus römischer Sicht dagegen stellte der Monotheismus der Juden eine Bedrohung für das gesellschaftliche Gleichgewicht dar, das durch die Verehrung vieler Götter aufrechterhalten wurde. Die Römer versuchten, diese Bedrohung durch die Einbeziehung des Judentums in das römische religiöse System zu mildern, stießen dabei jedoch auf erheblichen Widerstand – ein Konflikt, der zur Zeit von Jesu Geburt gerade zu schwelen begonnen hatte. Ihr bisheriges System, nämlich andere Völker zu unterwerfen und vor allem zu

Tributzahlungen zu verpflichten, während man ihnen allerdings religiös alle Freiheiten ließ und ihnen Zugang zu vielen Privilegien gewährte, funktionierte bei den Juden einfach nicht.

Bislang hatte Rom allen unterworfenen Völkern stets zugestanden, dass sie ihre Religion behielten, solange sie den Kaiser anerkannten. Nun hatten es die Römer aber mit einer Schriftkultur zu tun, die sich für Gottes auserwähltes Volk hielt und nichts von dem Kaiser wissen mochte.

Die Überzeugung, Gottes auserwähltes Volk zu sein, machte es Juden unmöglich zu konvertieren oder irgendeine Form von Synkretismus zuzulassen. Die Versuche der Römer, den jüdischen JAHWE in das römische Pantheon zu integrieren, empörten die Juden. Die Fronten verhärteten sich.

Für die Römer stellte diese Hartnäckigkeit, die jüdische Identität und den jüdischen Glauben zu beschützen, eine blanke Provokation dar. Und angesichts der internen und externen Schwäche und der wachsenden Probleme, denen sich das aufgeblähte Römische Reich gegenüber sah, konnte es mit derlei Provokationen nur schwer umgehen, zumal die politische Herrschaft über Judäa immer schon eng mit der Machtfrage in Rom verbunden war.

Dem Reich reichte es also.

Um den vermuteten weiteren Gang der Geschichte anschaulicher erzählen zu können, führe ich die einzige fiktive Person in diesem Buch ein: Der Mann heißt TRABELUS SCHUTUS, und sein Name hat mit dem neudeutschen Begriff »Trouble Shooter« absolut nichts zu tun.

Dieser Römer ist ein erfahrener und vielfach bewährter Agent des römischen Senats, der sich durch hohe analytische Fähigkeiten und Problemlösungs-Kompetenz auszeichnet.

Nun erhält er eine Aufgabe von hoher politischer Bedeutung: Er soll sich intensiv mit der Situation in der Provinz Judäa befassen mit dem Ziel, Strategien zu entwickeln, dieses Pulverfass zu entschärfen und die hohe römische Militärpräsenz zumindest teilweise entbehrlich zu machen. Er erhält alle erforderlichen Kompetenzen, unterliegt keinen Denkverboten und berichtet direkt nach Rom.

Trabelus Schutus hält sich nicht lange mit Vorarbeiten auf, organisiert sich eine Schiffspassage und segelt in die Unruheprovinz. Undercover, wie er zu arbeiten pflegt, mischt er sich – unmittelbar, nachdem er dem Pontius Pilatus seine Akkreditierung vorgelegt hat – unter die Soldaten, um die Stimmung aufzunehmen.

Wie in der bunten, multikulturellen Gesellschaft des Römischen Reiches allerorten brodelte es auch unter den Legionären nur so von vielfältigen, exotischen und oftmals mysteriösen Kulten.

Einer der beeindruckendsten und geheimnisvollsten war zweifelsohne der Mithraskult – ein Kult, der seinen Ursprung im persischen Gott Mithras hatte und von den römischen Legionären in das Reich getragen wurde. Bemerkenswert ist, dass der Mithraskult ausschließlich Männern zugänglich war und eine strikte Hierarchie verfolgte. Im Mithraskult finden wir viele Elemente, die das Christentum später übernehmen sollte. Zum einen gab es das Motiv der Wiedergeburt durch Taufe, das eine zentrale Rolle im Christentum spielt. Zum anderen wurde Mithras selbst oft als »Lichtbringer« und »Weltretter« dargestellt – Titel, die später auf Jesus Christus angewendet wurden. Es ist überliefert, dass die Geburt von Mithras in einer Grotte von Hirten besucht wurde – ein Szenario, das an die Geburtsgeschichte Jesu erinnert.

Die Anhänger trafen sich in dunklen, unterirdischen Tempeln, die Mithräen genannt wurden, um Opfer zu bringen und neue Mitglieder zu initiieren.

Mithras selbst wurde oft als ein Stier tötender Held dargestellt. Man könnte sagen, er war der antike Superheld par excellence.

Aber es waren nicht nur die mystischen Riten des Mithraskults, die das Christentum beeinflusst haben könnten. Die Struktur der Mithräen selbst könnte als ein Modell für die ersten christlichen Kirchen gedient haben. Sie waren oft unterirdisch und dienten als Orte der Gemeinschaft und des Gebets, ähnlich wie die frühchristlichen Hauskirchen.

Wenn Trabelus Schutus seinen Blick nun auf das zu befriedende Volk der Judäer richtet, erkennt er Extremes. Religiosität ist er aus allen Ecken des Reiches gewohnt, doch hier wird eine monotheistische Lehre auf Schriftbasis mit höchster Identifikation gelebt. Er stößt auf eine Form der Religiosität, wie er sie noch nie zuvor gesehen hat. Judäa ist durchtränkt von einer tiefen und radikalen Glaubensehrfurcht, die einzigartig in ihrer Intensität ist. Bei seinen Studien stößt Trabelus Schutus auf die heiligen Texte der Juden, die Thora und den Talmud, und stellt fest, dass der Glaube der Juden tief verwurzelt und unerschütterlich ist. Diese Religion durchzieht das gesamte Leben der Menschen und dominiert ihr Denken. Trabelus Schutus wird schnell klar: Wenn er dieses Volk irgendwie packen will, dann nur über die Religion.

Eine Endzeit-Stimmung ist spürbar und eine ganz konkrete Heilserwartung: der Messias möge erscheinen!

Der Messias-Glaube ist ein zentrales Element im Judentum, und seine Geschichte ist reich an Nuancen und Dynamik. Der hebräische Begriff »Messias« bedeutet »der Gesalbte« und bezieht sich auf die jüdische Vorstellung eines zukünftigen Königs aus dem Davidischen Haus, der das jüdische Volk zu einer Ära des Friedens und des Wohlstands führen wird.

Diese Vorstellung hat ihre Wurzeln in der biblischen Geschichte, insbesondere in den Büchern der Propheten. Der Prophet Jesaja zum Beispiel spricht von einem »Knecht des Herrn«, der Leiden ertragen und doch viele retten wird. Auch im Buch Daniel finden wir eine Vision eines »Menschensohns«, der mit den Wolken des Himmels kommt und eine ewige Herrschaft erhält.

Die jüdische Messias-Vorstellung unterscheidet sich grundlegend von christlichen Interpretationen, die den Begriff ungefragt übernommen haben. Während Christen sich mit Jesus als dem verheißenen Messias zufriedengeben, warten Juden noch heute auf den Messias, der das jüdische Volk sammeln, den Tempel in Jerusalem wieder aufbauen und die Welt zu einer Ära des Friedens führen wird. Die Errichtung eines Groß-Israel wird in der Öffentlichkeit nicht so gern erwähnt.

Innerhalb des Judentums existieren verschiedene Vorstellungen und Erwartungen vom Messias. Die Sadduzäer zum Beispiel glaubten nicht an die Auferstehung und das ewige Leben, während die Essener sich auf eine apokalyptische Endzeit freuten, in der der Messias sie zur endgültigen Erlösung führen werde. Einige glaubten, dass er ein großer König sein und die Römer aus dem Land vertreiben werde, während andere daran glaubten, er werde eher ein spiritueller Führer sein, der die Menschen zu einem besseren Leben führen werde.

Es wimmelte in jenen Jahren nur so von Männern, die sich in und um Judäa als der Messias ausgaben. Auch der wundertätigen Wanderer und Propheten gab es viele in jener Zeit. Apollonius von Tyana etwa – ein Name, der vielleicht nicht so bekannt ist, aber faszinierend. Apollonius war ein Philosoph der neuplatonischen Schule, ein asketischer Wanderer und sogar ein Wundertäter. Wohin er auch kam, hinterließ er einen bleibenden Eindruck. Seine Anhänger hielten ihn für brillanter als Jesus.

Allerdings leistete sich Apollonius eine strategische Schwäche. Er hielt es mit den Starken in der Gesellschaft und begeisterte so keine Massen. Wenn Jesus sagte »Das Himmelreich ist den Armen«, so hatte er mehr begeisterte Zuhörer. Das ähnelt der Bewegung der

Liberalen in unserer Zeit, die auf Leistungsträger und Besserge-stellte zielen und damit leben müssen, dass Leistungsschwache, die die Regierung um Sozialleistungen erpressen wollen, eine deutlich größere Wählergruppe darstellen.

So verschwand Apollonius aus der Geschichte, während ein anderer die Welt bewegte.

An Kandidaten für die Rolle des Messias mangelt es wahrlich nicht. Doch einer sticht aus der Masse heraus: ein Wanderprediger aus Galiläa, er nennt sich Jesus aus Nazareth, der sich bereits seit einiger Zeit mit einem Tross begeisterter Anhänger um den See Genezareth bewegt.

Er besitzt eine charismatische Ausstrahlung und eine Rhetorik, die Menschen bewegt und für sich einnimmt.

Doch was ihn in den Augen von Trabelus Schutus zur Sensation macht: Er predigt Friedfertigkeit. Seine Anhänger sollen ihre Fein-de (also die Römer) lieben. Wenn ihnen jemand auf die eine Wange schlägt, sollen sie auch die andere noch hinhalten.

Das ist genau das, was Rom als Besatzungsmacht braucht, um Stabilität in Judäa wiederherzustellen. Genau das entspricht der Auf-gabenstellung des römischen Agenten: das Pulverfass entschärfen. Wenn es möglich wäre, Jesus zum Messias erheben zu lassen, könnte dieser als geistiger Führer der Juden seine Landsleute besänftigen, um dann friedlich und partnerschaftlich mit dem römischen Präfekten zusammenzuarbeiten.

Wie soll das zu bewerkstelligen sein? Der Messias soll König der Juden sein. Also muss er die herrschenden Eliten davonjagen. Dazu muss er glaubhaft in Opposition gebracht werden zum Königs-haus und zur Priesterschaft des Tempels.

Alle jüdischen Überlieferungen und im Volk bekannten Rituale (z. B. auch aus dem Mithras-Kult) sollen benutzt werden, um den Messias glaubhaft zu machen. Gebildet wie er ist, verhilft auch die

Kenntnis der ägyptischen Kultur Trabelus Schutus zu einer bahnbrechenden Idee, die von den alten ägyptischen Überlieferungen inspiriert wird. Ein wirklich mächtiger Herrscher, so glaubte man in Ägypten, überwindet den Tod. Er transformiert sich und ersteht wieder auf.

Eine öffentliche Hinrichtung, am besten eine Kreuzigung, muss her, und dafür muss Jesus rechtskräftig von den Römern verurteilt werden. Nur so können die Juden davon überzeugt werden, ihn als »ihren« Messias zu erkennen und gegen das römische Unrecht zu verteidigen.

Nun fehlt ihm noch das auslösende Ereignis, und was könnte dafür besser geeignet sein als das Pessach-Fest, das demnächst stattfinden soll?

Das Pessach-Fest ist eines der wichtigsten Feste im jüdischen Kalender, bei dem die Juden besonders zahlreich nach Jerusalem kommen, und erinnert an den Auszug der Israeliten aus Ägypten. Es ist ein Fest der Befreiung und des Neuanfangs, das mit besonderen Riten und Traditionen gefeiert wird. Das perfekte Ereignis also, um den Wanderprediger Jesus als Messias zu inthronisieren.

Mit dieser Strategie könnte man auch den römischen Statthalter Pontius Pilatus dazu bringen, Jesus nicht als Bedrohung zu sehen, sondern als nützlichen religiösen Führer und Kooperationspartner.

Trabelus Schutus ist euphorisch. Er hat einen guten Plan, um seinen Auftrag erfüllen und in Rom glänzen zu können. Hätte er ahnen können, dass er im Begriff war, massiv in den Lauf der Geschichte einzugreifen?

2. Kapitel:
Vom Kind der Liebe zum Propheten der Liebe

Wie bei jeder natürlichen Person begann das Leben des Jesus von Nazareth mit der Entbindung von seiner Mutter. Das Leben der literarischen Figur Jesus Christus beginnt dagegen mit einem Märchen. Zusammengesetzt aus Überlieferungen und Ritualen verschiedener Kulturen wie z. B. der Geburtsszene des Mithras, dem Sternenkult der Ägypter, Volkslegenden, apokryphen Texten und diversen Weissagungen von Propheten aus der Geschichtsschreibung der Juden wurde eine von Symbolen und religiösem Überbau überfrachtete Mär geschaffen, die weit über die historischen Fakten hinausgeht und die wir als die »Weihnachtsgeschichte« kennen.

Wenn Sie an den festlichsten Tagen der christlichen Welt voller heimeliger Gefühle vor einer Krippenszene sitzen, können Sie sich in einem Moment kritischen Bewusstseins klar machen, dass praktisch nichts von dem, was dort dargestellt ist, einer wissenschaftlichen Überprüfung standhält.

Da ist zunächst die räumliche Dimension. Bethlehem mutet im biblischen Text wie eine idyllische Kleinstadt an. Historisch gesehen gibt es jedoch keinen Beweis für die Behauptung, dass Jesus dort geboren wurde. Die Evangelien behaupten, Jesus sei in Bethlehem geboren worden, um die messianischen Prophezeiungen des Alten

Testaments zu erfüllen, die voraussagten, dass der Messias in Bethlehem geboren werden würde. Es gibt jedoch keine unabhängigen zeitgenössischen Quellen, die dies bestätigen.

Zudem ist die historische Behauptung der Volkszählung, die im Lukas-Evangelium erwähnt wird und die Joseph und Maria nach Bethlehem brachte, umstritten. Historische Aufzeichnungen zeigen, dass während der Zeit des römischen Gouverneurs Quirinius eine Volkszählung stattfand, aber es gibt keinen Hinweis darauf, dass die Römer verlangten, dass die Menschen zu ihrem Geburtsort zurückkehrten, um gezählt zu werden. Dies wirft Zweifel an der Wanderung der »heiligen Familie« auf.

Darüber hinaus war Nazareth, der Ort, an dem Jesus aufwuchs, eine abgelegene Stadt, weit von Bethlehem entfernt, was weitere Fragen zur Plausibilität der Bethlehem-Geburt aufwirft.

Vor wenigen Jahren haben Archäologen vor den Toren von Nazareth einen Vorort oder Einsiedlerhof ausgegraben, der den Namen Bethlehem getragen haben soll. Damit löst sich der viel diskutierte Gegensatz zwischen den Geburtsorten auf. Die Geburt fand in dem normalen Lebensraum von Maria und Joseph in Nazareth statt.

Das bedeutet auch, dass die christlichen Pilger aus aller Welt fernab vom echten Ort des Geschehens in der falschen Stadt ihre Andacht halten. Ich habe im Fernsehen einen Archäologen sagen hören, dieser Aspekt störe nicht weiter, weil die anbetungswütigen Pilger dann den Wissenschaftlern nicht vor den Füßen herumlaufen. Zudem ist dies beileibe nicht der einzige Aspekt, unter dem die Pilger in die Irre laufen.

Auch deuten historische Aufzeichnungen darauf hin, dass Jesus nicht in einem Stall, sondern eher in einem normalen Haus geboren wurde, da in der damaligen Kultur Tiere oft im unteren Teil eines Hauses gehalten wurden.

Auch eine weitere Wanderung unserer Protagonisten beruht wohl lediglich auf einer Legende. Die Bibel berichtet uns, König

Herodes, verängstigt durch die Prophezeiung eines neuen Königs, der geboren wurde, habe die Tötung aller Jungen unter zwei Jahren in Bethlehem befohlen. Deshalb sei die Familie nach Ägypten geflohen, bis Herodes tot war. Allerdings gibt es auch für diesen Kindesmord durch den jüdischen König keinerlei historische Belege. Später aufgefundene Massengräber von Säuglingen wurden – wie das bei den Christen so üblich ist – begeistert und voreilig als Beweis für die Untat des Herodes interpretiert. Genauere Untersuchungen zeigten dann allerdings, dass die Gräber im Zusammenhang mit Bordellbetrieben standen und lediglich die Fehlfunktionen der damaligen Empfängnisverhütung dokumentierten.

Die anstrengende Flucht der »heiligen Familie« nach Ägypten wurde wohl nur erzählt, um sie in die Jahrtausende überspannende Vertreibungs-Saga ihres Volkes zu integrieren.

Schauen wir nun auf die zeitliche Dimension. Wir reden heute ganz selbstverständlich von Jahreszahlen »nach Christi Geburt«. Die Weihnachtsgeschichte müsste also an der Grenze zwischen den Jahren minus 1 und plus 1 stattgefunden haben. Die Wissenschaft sagt uns allerdings heute, dass das Geburtsjahr – je nachdem, welche Indizien man bevorzugt – einige Jahre früher oder später gelegen haben muss. Da fehlt es an Präzision.

Dagegen können Völkerkundler über das Datum der göttlichen Niederkunft nicht überrascht sein.

Die Wintersonnenwende, die Wiedergeburt des Lichts inmitten von Zeiten der Dunkelheit, hatte seit jeher eine nicht zu überschätzende Bedeutung für die Völker der Frühgeschichte und der Antike weltweit.

Sie war eng mit den wichtigsten Lebensprozessen verbunden: mit der Arbeit, die zu bestimmten Zeiten verrichtet werden musste, mit dem Wachstum und der Ernte, mit den Ritualen und Feierlichkeiten, die zu bestimmten Zeiten im Jahr stattfanden.

Die Sonnenwende spielte eine lebensbestimmende Rolle, da sie den Höhepunkt oder den Wendepunkt von Zyklen markierte. Sie war ein Schlüsselmoment im Jahreslauf, der sowohl als eine Zeit der Feier als auch eine Zeit des Wandels und der Erneuerung galt.

Es ist kein Zufall, dass viele prähistorische Stätten wie Stonehenge in England, Bauten der Maya in Mittelamerika oder die Pyramiden von Gizeh in Ägypten so ausgerichtet sind, dass sie diese himmlischen Ereignisse markieren. Die monumentalen Strukturen sind stumme Zeugen für die Bedeutung, die unsere Ahnen den jahreszeitlichen Bewegungen beimaßen.

Eine Fülle von Mythen und Legenden rankt sich um die Sonnenwende. In vielen Kulturen galt sie als magischer Moment, in dem die Grenze zwischen der Welt der Lebenden und der Welt der Geister am dünnsten war. Die keltische Tradition des Feuerspringens während der Sommersonnenwende sollte böse Geister vertreiben und eine reiche Ernte sichern. Im Mithras-Kult spielte die Wintersonnenwende eine ganz besondere Rolle, und wir können davon ausgehen, dass das Christentum sich dieses Datum kurzerhand zu eigen machte, um die Symbolkraft der Erlöser-Geschichte zu erhöhen.

Die Sonnenwende bot eine Gelegenheit, Gemeinschaft zu feiern, Vorräte zu teilen und für das kommende Jahr zu planen – also im Grunde genommen eine Steinzeitversion von Silvester, nur ohne das Feuerwerk. Die Wintersonnenwende hatte auch eine tiefgreifende Bedeutung für den sozialen Zusammenhalt und die religiöse Praxis, für das Selbstverständnis und die Identität unserer Vorfahren. Sie war ein symbolischer Moment des Wandels und der Erneuerung. Außerdem war die Wiederkehr des Lichts nach der längsten Nacht ein kraftvolles Symbol für Hoffnung und Wiedergeburt, das das Selbstbewusstsein stärkte und den Menschen half, ihren Platz im Kosmos zu verstehen. Vor diesem Hintergrund können wir uns

vorstellen, wie relativ einfach es gewesen sein kann, den Germanen ihr Sonnenwendfest in die Geburt eines neuen Gottes umzudeuten.

Dann ist da noch die astronomische Komponente im Setting.

Die Schriftsteller des Matthäus-Evangeliums berichten, über dem Ort der Geburt habe ein ungewöhnlich hell leuchtender Stern gestanden, der allerdings in keiner zeitgenössischen astronomischen Aufzeichnung erwähnt wird. Über Jahrhunderte haben wohlmeinende Astronomen seither geforscht, um einen Stern, einen Kometen oder wenigstens eine Sternkonstellation zu finden, die man als Stern von Bethlehem akzeptieren könnte – ohne Erfolg. Der Himmelskörper, der die Besucher quasi als antikes GPS zum Jesuskind geführt haben soll, wurde wohl lediglich als symbolisches Element eingeführt, um die Ankunft Jesu als ein weltbewegendes Ereignis hervorzuheben. Zudem könnte die Erwähnung des Sterns geholfen haben, die Missionierung in Ägypten zu erleichtern, wo die Menschen sich seit Jahrtausenden am Stern des Osiris als Lebensspender orientierten.

Ach ja, die Besucher – die führen uns zu der menschlichen Komponente in der Weihnachtskrippe.

Eine Erkenntnis, die in den Kopierstuben der mittelalterlichen Klöster in Europa verloren gegangen sein mag, ist der strenge Brauch in Judäa, wonach Geburten ausschließlich Frauensache waren, bei der Männer keinen Zutritt hatten. Diese galten im Verhältnis zu Mutter und Kind sogar als religiös unrein. Und da verstanden die Juden nun wirklich keinen Spaß. Auch der Vater durfte erst nach Tagen die Wöchnerin besuchen.

Das schließt natürlich das Auftreten irgendwelcher Hirten, die von Engeln aufgescheucht worden waren, völlig aus. Das gilt nicht minder für die farbenfrohen Weisen (alternativ auch Könige, Gelehrte,

Sterndeuter oder Zauberer) aus dem Morgenland, die dem Stern gefolgt sein sollen und sich in der Krippenszene so gut machen.

Sie brachten Geschenke mit: Gold, Weihrauch und Myrrhe, die traditionellen Gaben für einen König, einen Gott und einen, der sterben sollte. Ein wenig düster für ein Neugeborenes, nicht wahr? Aber diese Besucher wurden ohnehin erst Jahrhunderte später in die Geschichte eingeflochten, als die inzwischen etablierte christliche Kirche den Anspruch manifestieren wollte, alle Kontinente zu christianisieren. Daher vertreten die Besucher also die Kontinente Asien, Afrika und Europa. Auch wenn sich Antirassismus-Aktivisten unserer Zeit noch so ereifern, einer ist halt schwarz, weil er für Afrika steht. Bei den Olympischen Ringen steht der schwarze ja auch für Afrika – so what?

Wären die hohen Besucher real gewesen und zum Bejubeln der Geburt seines Stammhalters von Gott höchstselbst gesandt worden, so hätten sie übrigens zu viert sein müssen, denn Gott hätte ja gewusst, dass Amerika existiert. Einen Schamanen der indigenen Völker über den Atlantik zu holen, hätte mithilfe des Heiligen Geistes kein Problem sein dürfen.

Der Besuch dieser Reisenden aus aller Herren Länder hätte übrigens nicht nur aus Gründen religiöser Reinheit, sondern auch der Hygiene unterbunden werden müssen. Wer die Kontinente bereiste, wurde dabei zweifellos zum Träger aller Krankheitserreger und Keime der damaligen Zeit. Hätten Weltenbummler sich über das Neugeborene gebeugt, wäre Jesus mit allem infiziert worden, was die Biologie des Erdkreises hergab und hätte den Geburtsmonat wohl nicht überlebt.

Abgesehen von dem Neugeborenen ist Maria der Star der Szene. Nach dem Bibeltext wurde eines Tages, oder besser in einer Nacht, ihr bescheidenes Leben auf den Kopf gestellt, als ein Engel namens

Gabriel auftauchte und verkündete, dass sie ein Kind erwartete – ein Kind, das nicht weniger als der Sohn Gottes sei. Was für eine Ansage!

Maria, das junge, unschuldige Mädchen aus dem Volk, symbolisiert Reinheit und Demut, während Josef, der treue Pflegevater, das Bild der Fürsorge und des Mutes verkörpert. Beide repräsentieren die ideale Familie – einfach, liebevoll und gottesfürchtig.

Noch spektakulärer ist die Darstellung, Maria, die Mutter Jesu, sei eine Jungfrau gewesen, was ein schräges Licht auf ihren Lebenspartner Joseph wirft, dessen Nerven durch einen göttlichen Traum beruhigt wurden. Die unbefleckte Empfängnis Marias ist ein zentraler Bestandteil der christlichen Theologie, aber es gibt keine unabhängigen historischen Belege für diese Behauptung. Einige Gelehrte haben vorgeschlagen, dass die Geschichte der Jungfrauengeburt aus einer fehlerhaften Übersetzung des Alten Testaments in die Septuaginta, die griechische Version des Alten Testaments, entstanden sein könnte. Die ursprüngliche hebräische Version verwendet das Wort »almah«, das einfach »junge Frau« bedeutet, während die Septuaginta das Wort »parthenos« verwendet, das spezifisch »Jungfrau« bedeutet. Des Weiteren ist die Vorstellung der Jungfrauengeburt eine Metapher, die in vielen anderen Religionen und Mythen zu finden ist, und dient in der christlichen Theologie dazu, die Göttlichkeit Jesu zu unterstreichen. Jedenfalls bestand wohl nicht die Gefahr, dass sich der kleine Jesus auf seinem Weg durch den Geburtskanal an dem Jungfernhäutchen seiner Mutter erdrosselt.

Wer sich aus heutiger Sicht wundert, dass ein solcher Gedanke überhaupt aufkommen konnte, möge bedenken, dass die Menschen in der Antike Heldenfiguren wie Herkules oder Alexander den Großen, die unter nicht präzise nachvollziehbaren Bedingungen von Göttern gezeugt wurden, gewohnt waren. Sexualaufklärung erfolgte in der breiten Bevölkerung eher unsystematisch.

Als religionskritischer Mensch war mir das ganze Brimborium rund um die Weihnachtsgeschichte schon immer suspekt. Eine Erklärung für diese Wahrnehmung fand ich in der Analyse, die Simone und Claudia Paganini in ihrem Buch »Von wegen heilige Nacht. Der Faktencheck zur Weihnachtsgeschichte«[1] formulierten.

Die Weihnachtsgeschichte, wie sie von Simone und Claudia Paganini dargestellt wird, rückt den historischen Kontext in den Vordergrund. Jesus wird als jüdischer Wanderprediger dargestellt, der sich gegen das römische Joch und für eine gerechtere Gesellschaft einsetzte. Während die Verkündigung der Geburt Jesu in der Weihnachtsgeschichte oft als isoliertes Ereignis betrachtet wird, betonen die Paganinis die Rolle der römischen Besatzung und die damit verbundenen politischen Verwicklungen. Ihre Darstellung hebt hervor, wie das Pessach-Fest und die Kreuzigung als Werkzeuge genutzt wurden, um Jesus als Messias zu präsentieren und die Machtstrukturen herauszufordern. Die Paganinis stellen die Weihnachtsgeschichte also eher als politisches und soziales Ereignis dar und weniger als ein rein religiöses Phänomen.

Wenn Sie jetzt noch vor Ihrer Krippenszene sitzen, ist Ihnen wohl doch bewusst geworden, dass es sich um hübsches Spielzeug handelt, das nichts von seiner Bedeutung und spirituellem Gehalt verlieren würde, wenn Sie noch andere Märchenfiguren wie etwa einen Glassarg mit Schneewittchen und dazu sieben Zwerge daneben platzieren.

Das Märchen bricht an dieser Stelle abrupt ab. Die Evangelisten lassen uns im Ungewissen, ob Weise und Hirten auch ohne Leitstern gut nach Hause gekommen sind.

---

[1] *Paganini, Simone und Claudia (2021). Von wegen Heilige Nacht. Der große Faktencheck zur Weihnachtsgeschichte. Freiburg: Herder.*

Für die Folgejahre berichtet das Neue Testament nur einen einzigen Vorfall aus dieser Zeit: den Besuch des zwölfjährigen Jesus im Tempel in Jerusalem.

Die Geschichte wird im Lukasevangelium (2,41–52) erzählt. Gemäß der jüdischen Tradition machte die Familie von Jesus jedes Jahr eine Pilgerreise zum Pessach-Fest nach Jerusalem. Als Jesus zwölf Jahre alt war, nahm er auch an dieser Reise teil, blieb jedoch ohne das Wissen seiner Eltern in Jerusalem. Als seine Eltern ihn nach drei Tagen vergeblicher Suche endlich fanden, saß er im Tempel, hörte den Lehrern zu und stellte ihnen Fragen. Alle, die ihn hörten, waren erstaunt über sein Verständnis und seine Antworten.

Jesus soll zur Erklärung nur gesagt haben: »Warum habt Ihr mich gesucht? Wusstet Ihr nicht, dass ich in dem sein muss, was meines Vaters ist?« Diese Geschichte soll nicht nur das tiefgehende religiöse Verständnis von Jesus bereits in jungen Jahren, sondern auch die Bewusstheit seiner besonderen Beziehung zu Gott veranschaulichen. Das zumindest soll uns diese Geschichte glauben machen.

Diese isolierte Kurzgeschichte passt meines Erachtens allerdings nicht in ein Evangelium. Sie wirkt, als sei sie aus einer anderen Quelle importiert worden. Hätten die so beeindruckten Tempellehrer Jesus nicht wiedererkannt, als er Jahre später als Wanderprediger wieder auftauchte? Die Aufnahme im Tempel wäre wohl freundlicher gewesen.

Jener Jugendliche, auf den diese Erzählung zurückgeht (wenn sie wahr ist), hat offenkundig weniger Berühmtheit erlangt. Mag sein, dass er mit seinem schicken Bewerbungsauftritt seine Aufnahme in den Tempeldienst einleitete. Oder er bemühte sich als Erwachsener um Anerkennung als Messias und scheiterte völlig frustriert an der Anonymität.

Jesus ist also ein religiös überhöhter Repräsentant der Ereignisse seiner Zeit, einer Zeit des Wandels und des Übergangs.

Ohne Sie mit philosophischen Höhenflügen verschrecken zu wollen, möchte ich kurz den Gedanken der Dialektik des Philosophen Hegel erwähnen.

Er sah die Geschichte als eine Abfolge von Thesen, Antithesen und Synthesen. Eine These ist ein Ausgangspunkt oder ein Zustand, auf den eine Antithese, eine Art Gegenpunkt oder Konflikt, folgt. Dieser Konflikt wird schließlich durch eine Synthese gelöst, die Elemente von beiden, der These und der Antithese, in sich vereint. Diese Synthese wird dann zur neuen These – das Spiel beginnt von vorne.

Im Falle des Neuen Testaments wäre die traditionelle jüdische Glaubenswelt mit ihren Ritualen und Geboten die aktuelle gültige These. Nun tritt Jesus als Jude auf, der weniger die Rituale betont, sondern den Menschen in den Mittelpunkt stellt (die Antithese). Am Ende des Prozesses entsteht als Synthese das Christentum, das Jesus als Messias anerkennt und unter Verzicht auf zahlreiche Formvorschriften die Welt erobert.

Über meine persönliche Haltung zu Dingen, die als heilig gelten, habe ich mich ja bereits lästernd geäußert.

Zu beachten ist allerdings auch eine soziologische Komponente. Das Heilige kann als das verstanden werden, was in einer bestimmten Kultur oder Religion als von fundamentaler Bedeutung und von übernatürlicher Herkunft gesehen wird. Es ist oft mit Ideen von Göttlichkeit, Würde und Ehrfurcht verbunden und wird in den meisten Kulturen und Religionen als von grundlegender Bedeutung für das Verständnis des Universums und des Menschseins angesehen. Die soziokulturelle Funktion des Heiligen ist vielfältig. Einerseits hat das Heilige eine normative Funktion: Es setzt Maßstäbe für richtiges und falsches Verhalten und bietet ein ethisches Gerüst, an dem sich Individuen und Gemeinschaften orientieren können.

Andererseits hat das Heilige eine integrative Funktion: Gemeinsame heilige Praktiken und Rituale fördern die soziale Bindung innerhalb einer Gemeinschaft. Darüber hinaus hat das Heilige eine transzendentale Funktion: Es ermöglicht den Menschen, über ihren unmittelbaren Alltag hinaus zu denken und den Sinn und Zweck ihres Lebens zu reflektieren. Das Heilige sorgt also dafür, eine geordnete und sinnvolle soziokulturelle Realität zu konstruieren und aufrechtzuerhalten. Man könnte auch zugespitzt sagen: Es sorgt dafür, dass wir unsere Lebenswelt als gottgegeben und gottgewollt akzeptieren und nicht allzu viel infrage stellen, was auch erklärt, warum alle Herrscher der Welt immer eine ganz besondere Beziehung zum Heiligen haben. Wandel ist darin nicht vorgesehen, die Dinge sollen möglichst so bleiben, wie sie sind, was sie allerdings selten tun. Und dann wird es kritisch, nicht nur für die Herrschenden und Religionsvertreter, sondern auch für all die Gläubigen, die fest davon überzeugt sind, dass ihre Existenz und ihr Lebensweg irgendwie mit diesem Heiligen verbunden sind oder durch es hervorgerufen werden. Anpassung an veränderte äußere Bedingungen ist gleichfalls nicht vorgesehen.

Genau da tritt der Prophet auf den Plan.

Religion und Tradition neigen dazu, beständig und unveränderlich zu bleiben, da sie oft als heilig oder gottgegeben angesehen werden. Das bedeutet, dass sie nicht von Menschen geändert werden können, ohne ihre Heiligkeit oder ihren göttlichen Charakter zu verlieren. Das kann dazu führen, dass sie nicht flexibel auf Veränderungen reagieren können. Kurzfristig auftretende Veränderungen der Umwelt erfordern oft eine schnelle und innovative Reaktion, die über das traditionell Heilige hinausgeht und sich der aktuellen Situation anpasst. Daher können Religion und Tradition in solchen Fällen oft nicht die benötigte Orientierung und Hilfe bieten.

Exkurs: Ich habe von einem Volk gelesen, das in der Frühgeschichte vor ca. zwischen 2.600 und 2.000 Jahren vor unserer Zeitrechnung an der Westküste Südamerikas sesshaft wurde und ohne Feinde ein glückliches Leben im Einklang mit der Natur führte. Doch dann trat jene Klimaänderung ein, die wir heute noch als »El Niño« kennen. In der Folge änderten sich die Lebensbedingungen jenes Volkes tiefgreifend. Insbesondere der Fischfang kam zum Erliegen.

Das Volk war tief religiös. Nun rächte sich, dass man keine Übung darin hatte, Probleme rational anzugehen. Als einzige Handlungsalternative erschien den Menschen, zu ihren Göttern zu beten und (Menschen-) Opfer zu bringen. Da sich die Krise verschärfte, wurde die Opfertätigkeit immer hysterischer. Letztlich verblutete fast die gesamte Jugend auf den Altären, ohne dass die Götter sich gnädig zeigten – wie auch? Das Volk verschwand aus der Geschichte der Menschheit, nachdem es offenbar bewusst versucht hatte, seine architektonischen Spuren zumindest teilweise unkenntlich zu machen.

Wenn eine Gesellschaft überleben soll, treten in solchen Phasen drohender Veränderung Agenten sozialen Wandels auf, nicht selten als Propheten. Agenten sozialen Wandels sind Personen oder Gruppen, die maßgeblich dazu beitragen, gesellschaftliche Veränderungen herbeizuführen und alte Strukturen zu transformieren. Sie sind im Kern Aktivisten, Reformisten und Vorreiter, die durch ihr Handeln und ihre Ideen Einfluss auf die Entwicklung der Gesellschaft nehmen.

In der Vergangenheit spielten Propheten in vielen Gesellschaften und Religionen eine solche Rolle. Sie wurden als Verkünder einer höheren göttlichen Macht gesehen, die ihnen die Autorität verlieh, neue Werte und Gesetze zu verkünden. Diese neuen Regeln und Werte gaben Antworten auf die drängenden Fragen der Gegenwart und Zukunft. Sie halfen den Menschen, sich in Phasen des Umbruchs und der Unsicherheit zu orientieren und gaben ihnen einen Rahmen, an dem sie ihr Leben und ihr Handeln ausrichten konnten.

Es gibt einige gemeinsame Merkmale, die viele Propheten quer durch verschiedene Kulturen und Zeiten hinweg verbinden. Eines der wichtigsten ist, dass sie als Mittler zwischen dem Göttlichen (alternativ: der Vorsehung) und den Menschen agierten. Propheten definierten sich häufig über eine Berufung, die von einer höheren Macht oder einem Gott kam. Es wurde davon ausgegangen, dass ein Prophet keine Wahl hatte, sondern von Gott auserwählt war, um seine Botschaften zu verkünden. Dabei halfen ihm intensive spirituelle Erfahrungen, Visionen oder Träume und ein tiefes Verständnis für moralische und ethische Prinzipien.

Propheten waren göttlich autorisierte Botschafter, die innerhalb der bestehenden Welt neue Interpretationen und Antworten auf aktuelle Herausforderungen bringen konnten. Auch wenn diese Antworten von der Tradition abwichen, behielten sie dennoch ihre göttliche Autorität und somit ihre Heiligkeit, da sie von derselben Quelle, nämlich dem Göttlichen, autorisiert waren. Also dienten Propheten als Mittler zwischen der Unveränderlichkeit des Heiligen und der Notwendigkeit der Veränderung in Zeiten der Krise. Sie ermöglichten, dass das Heilige intakt blieb, während die Gemeinschaft sich an die veränderten Umstände anpasste. Das religiöse Deutungsmuster wurde verändert, weiterentwickelt und angepasst, ohne dass das Göttlich-Heilige, in dem es seinen Ursprung hatte, verleugnet wurde. So blieb alles in der Ordnung, für die Herrschenden, die Beherrschten und die Religionsvertreter.

Ein Prophet ist also einer, der uns erklärt, dass wir uns keine Sorgen machen müssen: Die Dinge verändern sich zwar, aber das ist kein Grund, den Glauben an das (göttliche) System infrage zu stellen, sondern im Gegenteil, diesen sogar noch zu intensivieren.

Jesus ist, so viel steht fest, ein eben solcher Agent sozialen Wandels. Seine Rolle für die Genese des Christentums wurde allerdings nicht bei seiner Geburt festgelegt, wie uns die Überlieferung der Weihnachtsgeschichte glauben machen möchte, sondern erst viel später, nämlich mit seiner Kreuzigung und Wiederauferstehung. Als Gottes Sohn muss sich seine göttliche Abkunft aber schon sehr viel früher gezeigt haben, und da kommt die Weihnachtsgeschichte ins Spiel. Sie wurde nachträglich verfasst, um Jesu Rolle als Erlöser und Gottes Sohn zu legitimieren. Er ist der Auserwählte, gekommen, um die Welt durch seine Botschaft der Liebe zu verwandeln, Ausdruck der Gnade Gottes.

All das legt nahe, dass Jesus als historische Figur erst nachträglich religiös überhöht wurde, weil man ihn nutzen wollte, um in einer Phase des Übergangs und des Wandels eine Legitimation für die göttliche Autorisierung gezielt angestoßener gesellschaftlicher Veränderungen zu haben. Jesus war als Rollenmodell für viele Menschen außerordentlich nützlich, und dazu musste eben auch seine Biografie nach allen Regeln der Kunst frisiert und angepasst werden. Dieses Muster kennt man aus den Lebensläufen so mancher vermeintlichen Größen der Menschheitsgeschichte.

Wenn wir also die Weihnachtsgeschichte verstehen möchten, müssen wir sie rückwärts betrachten, nach dem Jahr 33 n. Chr., mit dem Blick der Evangelisten, nicht in ihrem direkten historischen Kontext.

Die Entschlüsselung der symbolischen Ebene als bewusst angelegtes Deutungsmuster späterer Verfasser eröffnet uns einen anderen Blick auf die Weihnachtsgeschichte. Nichts ist länger geheimnisvoll oder göttlich angehaucht, sondern schlicht von geschickten Geschichtenerzählern mit Bedeutung aufgeladen.

In der Welt der Erzählkunst ist nichts zufällig.

Symbole und Heldenfiguren interagieren mit uns auf einer unterbewussten Ebene. Sie wecken in uns Gefühle und Erfahrungen.

Sie machen die Geschichte faszinierend, schlüssig und ansprechend. Jesus, als die zentrale Figur in der Weihnachtsgeschichte, repräsentiert archetypische Konzepte wie Selbstopferung, Liebe und Erlösung. Seine Geschichte und die starken Symbole, die sie begleiten, sprechen uns auf einer tiefen Ebene an und machen die Weihnachtsgeschichte zu einem ewig fesselnden Narrativ.

Die Weihnachtsgeschichte könnte also genauso gut eine Erfindung von Walt Disney sein. Entscheidend ist nicht, ob sie wahr ist – sondern nur, ob sie für das Publikum funktioniert. Und das tut sie – seit über 2.000 Jahren.

Wenden wir uns dem realen Jesus zu, wie er im antiken Judäa sein Leben begann.

Was die Bibel über seine Jugend zu sagen weiß, ist spektakulär: nämlich nichts. Über sein Leben wird erst wieder berichtet, als er seine Wirkung als Wanderprediger entfaltet. Phantasiebegabte Leser der Bibel könnten auf die Idee kommen, Jesus habe die ersten 30 Jahre seines Daseins im Himmel bei seinem göttlichen Vater verbracht, dessen Vorstellungen vom Himmelreich aufgesogen und Kräfte gesammelt für kommende Aufgaben.

Wenn die Evangelisten uns nur leere Seiten anbieten, können wir daraus nichts an Erkenntnissen ziehen. Ex nihilo nihil – aus nichts folgt nichts. Aber ein wenig spekulieren dürfen wir vielleicht doch.

Für das stoische Schweigen der Evangelisten kann es zwei mögliche Erklärungen geben. Die erste: Ihnen lagen keinerlei Informationen vor.

Dies halte ich allerdings für extrem unwahrscheinlich. Jesus zog in seinen aktiven Jahren mit einer Gruppe von Menschen durch das Land, die ihm zum Teil sogar persönlich nahe standen. Lange vor der Erfindung von Medien zur Massen-Bespaßung saßen die Menschen abends beieinander und erzählten Schwänke aus ihrem Leben. Da musste auch Jesus gefragt worden sein, was er bisher in seinem Leben gemacht hatte. Ich denke nicht, dass er so arrogant war, die Antwort zu verweigern. Ergo gab es Menschen, denen die Lebensgeschichte von Jesus bis dahin bekannt war.

Selbst wenn dieser Lebenslauf banal gewesen wäre, wäre er spätestens dann zur Nachricht geworden, als Jesus lokale Prominenz erlangte und Anhänger sein Leben weitererzählten. Dass nichts davon die Evangelisten erreicht hat, schließe ich aus.

Bleibt noch die zweite Alternative: Die Verfasser der Bibeltexte hatten Kenntnis von den frühen Jahren ihres Protagonisten. Diese Informationen passten aber überhaupt nicht zu dem Evangelium, das sie weitergeben wollten. Demnach müsste die Jugend von Jesus in krassem Widerspruch zu der Lehre gestanden haben, die man unter seinem Namen verbreiten wollte.

Ließ der junge Jesus es in seiner Jugend gänzlich an Nächstenliebe fehlen? War er ein »Radfahrer«, der nach oben buckelte und nach unter trat? Gab er sich hemmungslos der Völlerei hin? War er ein radikaler Vertreter jüdischer Traditionen, der seinen Mitmenschen mit seiner Intoleranz auf die Nerven ging?

An dieser Stelle fällt mir ein anderer Mann ein, der in der Menschheitsgeschichte eine ähnliche Rolle spielt wie Jesus. Ich meine den indischen Prinzen Siddhartha Gautama, der ein halbes Jahrtausend vor Jesus im nördlichen Indien geboren wurde. Er war ein absolutes Mitglied der Oberschicht, als das er sich aber, während sich seine Standesgenossen mutmaßlich in Übungen zum Kamasutra ergingen, über die strengen Palastregeln hinwegsetzte und durch das Land zog, um seinen Horizont zu erweitern. Was er fand, entsetzte ihn: Armut und Elend waren die Lebenswirklichkeit der unteren Schichten. Der Prinz vollzog daraufhin eine radikale Kehrtwende in seinem Leben. Er wurde zum Anwalt der Entrechteten und strebte nach vollkommener Weisheit und unendlichem und bedingungslosem

Mitgefühl. Sein Lebensweg führte ihn aus eigener Kraft zu Reinheit und Vollkommenheit seines Geistes. Er fand durch Meditation das Göttliche in sich selbst und wurde zum Buddha.

Viele Wissenschaftler haben bereits Parallelen zwischen Buddha und Jesus herausgearbeitet. Liegt hier der Schlüssel für die Schweigsamkeit der Evangelisten? War Jesus wegen seiner Herkunft und seiner Entwicklung unglaubwürdig als Vertreter der Menschen am Rande der Gesellschaft? War das, was die Buddhisten klaglos akzeptierten, vielleicht sogar bewunderten, den Christen nicht zuzumuten?

Wenden wir uns also dem realen Leben von Jesus zu.

Am gleichen Tag, an dem Jesus irgendwo im Raum Nazareth geboren wurde, fiel in China ein Sack Reis um. Und die Weltöffentlichkeit nahm von keinem dieser Ereignisse Notiz – weil es einfach keinen Grund dazu gab.

Bedeutung konnte die Geburt nur für die beteiligten Personen selbst haben. Etwa für einen duldsamen Familienvater Josef, der die außerehelichen Aktivitäten seiner Gattin offenbar nicht übelnahm.

Besondere Aufmerksamkeit verdient die Mutter, die eine außerordentliche Person gewesen sein muss. Ich schließe aus dem Verhalten des leiblichen Vaters, dass Maria eine extrem attraktive Frau, wunderschön und mit betörendem Charme gewesen sein muss.

In der Antike hatten uneheliche Kinder keinen hohen Wert. In der Regel dürfte das Engagement der Erzeuger gegen Null gegangen sein und die Mütter in ihrer Not und Schande versucht gewesen sein, das Kind zu entsorgen.

Umso bemerkenswerter ist das, was wir im Falle des kleinen Jesus lesen. Dort erreicht die werdende Mutter eine Botschaft des männlichen Erzeugers. In dem bekannten Text wird diese Botschaft von einem Engel überbracht, weil aus dogmatischen Gründen Gott selbst als Vater gilt.

Letzteres war übrigens in der Antike nicht so befremdlich, wie es heute klingt. Die Mythologie der alten Kulturen war reich an Frauen, die sich Göttern in der Phase ihrer Fruchtbarkeit willig hingaben. Deren Abkömmlinge hatten erstklassige Beziehungen zu höchsten Kreisen, was noch nie ein Nachteil gewesen ist. Alexander der Große ist solch ein Beispiel. Der eroberte ja auch in Rekordzeit das größte Reich der abendländischen Geschichte. Für einen Halbgott war sein Leben allerdings recht kurz. Und die Stabilität seines Reiches erwies sich als gotterbärmlich schwach.

Zurück zu Jesus. Sein Erzeuger macht sich die außerordentliche Mühe, der von ihm geschwängerten jungen Frau (natürlich nicht Jungfrau) eine Botschaft (ohne Flügel) zu senden, um sein großes Interesse an dem noch ungeborenen Kind zu bekunden. Maria solle es keinesfalls abtreiben. Er, der Vater, werde sich um die Versorgung des Kindes und seine Ausbildung kümmern.

Das lässt vermuten, dass dieser Mann nicht von niederem Stand war, sonst hätte er solche Möglichkeiten gar nicht gehabt. Vielmehr lassen die späteren Leistungen und die Fülle von Begabungen, die der erwachsene Jesus aufweist, den Schluss zu, seine Eltern hätten ihm herausragendes Erbmaterial mitgegeben, und der Vater sei auch materiell leistungsfähig gewesen.

Der Name der Mutter wird bis heute in höchsten Tönen besungen und gelobpreist. Einen Kandidaten für die Vaterrolle möchte ich an späterer Stelle spekulativ aus dem Verhalten des Sohnes ableiten.

Die Fragen rund um Jesu Bildung und mögliche Prägung sind tatsächlich spannend und bieten Raum für eine Vielzahl von Hypothesen.

Die offizielle Lehre geht davon aus, dass Jesus den Beruf eines Zimmermanns ausübte, weil sein Ziehvater diesem Beruf nachging. Die Gläubigen sollen mit der Vorstellung leben, Gott habe seinen

Sohn auf die Erde entsandt, um jahrzehntelang Bauholz zu bearbeiten.
Ich möchte dem Berufsstand der Bauhandwerker nicht zu nahetreten,
aber diese Vorstellung ist doch recht flach.

Es wird oft spekuliert, dass Jesus, obwohl er der Sohn eines
Handwerkers war, eine umfangreiche Bildung genossen haben
könnte. Diese Annahme basiert auf seinem profunden Wissen,
seiner Weisheit und seiner Überzeugungskraft, die in seiner Lehr-
tätigkeit zum Ausdruck kommen.

Jesus könnte Schulen besucht haben, was damals Kindern des
Mittelstandes möglich war. In der damaligen jüdischen Kultur wurden
Kinder oft in Synagogen unterrichtet, was eine mögliche Erklärung
für seine religiöse Bildung sein könnte. Ob er Griechisch und Latein
beherrschte, ist ebenfalls ein Punkt, der oft diskutiert wird. Einige
Historiker vertreten die These, dass er Griechisch sprach, da dies
die Lingua Franca seiner Zeit war. Die Kenntnis des Lateinischen
könnte erklären, weshalb Jesus mehrfach mit Römern diskutieren
konnte, die wohl kaum geneigt waren, Aramäisch oder Hebräisch
zu lernen.

Die Frage, ob Jesus die Lehren griechischer Philosophen kannte,
bleibt ebenfalls offen. Es gibt jedoch Hinweise in der Bibel, die
darauf hindeuten, dass er mit philosophischen Konzepten vertraut
war, die denen einiger griechischer Philosophen ähneln.

Reisen bildet. Die Idee, dass Jesus Fernreisen unternommen haben
könnte, insbesondere nach Indien, ist eine Hypothese, die in einigen
Kreisen diskutiert wird. Es gibt jedoch keine Belege, die diese Theorie
stützen.

Auch wenn fernöstliche Überlieferungen noch schlechter belegt
sind als die Geschichten aus dem Nahen Osten, liefern sie doch
reizvolle Vorstellungen.

So wird von einem Jugendlichen erzählt, der sich sogar mit dem
Namen Jesus vorgestellt und einige Monate bei einer religiösen
Gemeinschaft in Indien verbracht haben soll. Das Oberhaupt dieser

Gemeinschaft habe sich dadurch auffällig gemacht, dass er auf dem Wasser laufen konnte. Könnte sich der künftige Messias-Kandidat dort Tricks abgeschaut haben?

Während es faszinierende Parallelen zwischen den Lehren Buddhas und denen von Jesus gibt, gibt es keine schlüssigen Beweise dafür, dass Jesus direkten Zugang zu buddhistischen Lehren hatte oder sich in Indien aufhielt.

Eine andere Erklärung liegt nahe: Seine Lebensgeschichte, seine Sichtweise auf die Welt und sein Wertekanon sind das Ergebnis einer bewusst durch eine ganze Gruppe gelehrter Autoren herbeigeschriebenen Heldengeschichte, die sowohl mit der griechischen Philosophie als auch dem Buddhismus verwandt ist. Die Autoren haben kurzerhand jene Konzepte inkorporiert, die ihnen nützlich erschienen. Das macht Jesus zu einer Art Kunstfigur, geschaffen, um in einer Zeit voller Konflikte und Wandel vertrauenswürdige Lösungen anzubieten.

3. Kapitel:
Jew on the Hill

Noch ist Jesus nicht bereit für seine Berufung als Lehrer. Er hört von einem Prediger und Heiler, der ihm vorbildhaft erscheint.

Johannes der Täufer war eine bedeutende religiöse Figur zur Zeit von Jesus und wird sowohl im Neuen Testament als auch in den Schriften von Flavius Josephus, einem jüdischen Historiker, erwähnt. Er ist bekannt für die Praxis der Taufe zur Vergebung der Sünden. Sein Spitzname »der Täufer« kommt von diesem zentralen Aspekt seiner Lehre, das sich als Aufnahme-Ritual bis heute großer Beliebtheit erfreut. Johannes ist der Sohn von Zacharias und Elisabeth, die nach den Evangelien eine Verwandte von Maria, der Mutter Jesu, ist. Dies würde Johannes und Jesus zu Cousins machen. Das Neue Testament berichtet auch, dass Johannes die Geburt Jesu voraussagt. Jesus lässt sich von ihm taufen, womit er sich ihm zunächst spirituell unterordnet. Er ist nicht nur jung, sondern auch Jünger. Es wird berichtet, dass während der Taufe der Himmel geöffnet wurde und der Heilige Geist in Gestalt einer Taube auf Jesus herabkam, während eine Stimme aus dem Himmel sagte: »Das ist mein geliebter Sohn, an dem ich Wohlgefallen gefunden habe.« Klarer kann die Überlieferung die göttliche Natur nicht herausstellen.

So wie heute Eltern ihre Söhne und Töchter in den Tennisclub begleiten, um sie siegen zu sehen, hat offenbar Gott der Taufe seines Sohnes beigewohnt, um am Ende in Jubel auszubrechen. Das entsprach der antiken Vorstellung vom Verhalten der Götter. Es war bodenständig, menschenähnlich und daher für die Gläubigen nachvollziehbar und gelegentlich vorbildhaft.

Doch Johannes erweist sich als problematisches Vorbild. Er ist in der konsequenten Lehre der jüdischen Religion unbeugsam und daher vielen Leuten unbequem. Es mag typisch sein, dass ausgerechnet eine Frau, die ihn vielleicht in Versuchung führen wollte und von ihm abgewiesen wurde, seinen Kopf (im wörtlichsten Sinne) fordert. Sie bekommt ihn auch, und damit hat es sich am Jordan zunächst einmal ausgetauft.

Das könnte Jesus eine anschauliche Lehre gewesen sein, dass man die Menschen nicht nur mit konsequentem Dogmatismus gewinnen kann, sondern Toleranz und Nächstenliebe die Herzen öffnen.

Zunächst aber muss der Held eine letzte Prüfung überstehen, um zu beweisen, dass er wirklich als Held taugt. Jesus tritt in eine Phase der Selbstreflexion ein, geht in die Wüste und fastet. Das muss man sich wohl nicht so vorstellen, dass er sich einen Ort sucht, an dem es nichts zu trinken gibt, um dehydriert dem Wahn entgegen zu fiebern. Er wird sich einen Ort in der Einsamkeit gesucht haben, wo niemand ihn störte und er seine Gedanken ordnen konnte.

Bei dem nun Folgenden fallen mir kindgerechte Dramen ein, die im Spiel den Kampf zwischen Gut und Böse demonstrieren. Das Böse kann in Gestalt eines Räubers auftreten, der von Erwerbsdrang getrieben wird, eines Krokodils, das wie ein unersättlicher Spätkapitalist auftritt, und letztlich natürlich durch den Herrn der Finsternis, den Teufel selbst. Eine Gretel repräsentiert das Gute, die wohl nicht zufällig so heißt wie im »Faust«, mit der Weisheit einer Großmutter und dem wachsamen Auge eines Polizisten. Dazwischen agiert der treu-naive Held der Handlung, der letztlich zur Schonung zarter Kinderseelen obsiegen muss, um befreit seinen

Anhängern zuzurufen: »Kinder, seid Ihr alle (noch) da?« Und das Auditorium antwortet mit einem euphorischen: »Ja, Kasper!«

Nach diesem Muster bietet uns die Bibel eine Geschichte für Erwachsene an, in der der Teufel Jesus herausfordert.

Diese Versuchung Jesu durch den Teufel ist eine zentrale Erzählung in den synoptischen Evangelien.

In der ersten Versuchung fordert der Teufel Jesus auf, Steine in Brote zu verwandeln, um seinen Hunger zu stillen. Jesus lehnt dies ab und zitiert das Buch Deuteronomium: »Der Mensch lebt nicht vom Brot allein, sondern von jedem Wort, das aus dem Mund Gottes geht.« Obgleich Jesus Ähnliches später in den Geschichten mit der Vermehrung von Fischen und Brot und der Transformation von Wasser in Wein durchaus tut, lehnt er hier ab. Dies testet seine Fähigkeit, körperliche Bedürfnisse und Wünsche zu kontrollieren. Auf der anderen Seite der Parabel lässt sich dies als eine Absage an einen kommerziellen und eigennützigen Einsatz seiner Fähigkeiten verstehen. Jesus entscheidet sich für den Idealismus.

In der zweiten Versuchung fordert der Teufel Jesus auf, sich vom höchsten Punkt des Tempels zu stürzen und darauf zu vertrauen, dass die Engel ihn auffangen werden. Wiederum lehnt Jesus ab und zitiert das Buch Deuteronomium: »Du sollst den Herrn, deinen Gott, nicht herausfordern.« Dies stellt eine Prüfung der Festigkeit seines Glaubens dar. Dieser Text kann allerdings auch so verstanden werden, dass Jesus sich von den vor ihm liegenden Aufgaben überfordert sieht und an Selbsttötung denkt. Hätte er die Kreuzigung vorhergesehen, wäre er vielleicht sogar gesprungen. Aber er entscheidet sich für das Leben in Verantwortung.

In der dritten und letzten Versuchung zeigt der Teufel Jesus alle Reiche der Welt und verspricht, sie ihm zu geben, wenn er ihm huldigt. Jesus weist den Teufel erneut zurück und sagt: »Weg mit dir, Satan! Denn es steht geschrieben: Du sollst den Herrn, deinen Gott, anbeten und ihm allein dienen.«

Diese Versuchung kann als dunkle Seite der Seele in der Heldenreise Jesu gesehen werden. Sie repräsentiert die Herausforderungen, die er überwinden muss, um sein ultimatives Ziel zu erreichen, nämlich die Erlösung der Menschheit. Die Versuchung testet seine Verpflichtung gegenüber dem göttlichen Plan und seine Ablehnung weltlicher Macht. Durch das Überwinden dieser Versuchungen zeigt Jesus seine Hingabe an seine Mission und seine Bereitschaft, seinen Weg zu gehen.

Jesus ist in seiner Haltung gefestigt, dass Macht und Geld nichts zählen, wo Nächstenliebe fehlt. Er ist nicht korrumpierbar. Der Teufel ist mit seinen Anfeindungen gescheitert, Jesus von seiner Rolle als Missionar, Prophet und letztlich sogar Erlöser abzubringen. Da werden wohl die Hohepriester in Jerusalem und die Römer die Arbeit alleine machen müssen.

Die Versuchungen stehen also für innere Anfeindungen, die Jesus niederkämpfen muss. Er entscheidet sich für die Reinheit seiner Werte und die Klarheit seiner Lehre. Damit ist er übrigens nicht weit entfernt von Buddha, der unter seinem Baum wohl ähnliches durchmachte.

Sollte Jesus in Kenntnis der indischen Lehre allerdings die Hoffnung gehabt haben, beide zusammenführen zu können, muss er aufgegeben haben. Der Zwang zur Verinnerlichung nach asiatischer Überzeugung ist mit dem jüdischen Verständnis von einem einzigen Gott, mit dem man einen Bund geschlossen hat, schwerlich kompatibel.

Das haben erst Jahrhunderte später die Katharer versucht, allerdings mit dem tragischen Ergebnis, dass die Amtskirche sie ausrotten ließ. Wer Gott in sich selbst sucht, braucht keine Kirche. Das hatte man im Vatikan schnell verstanden.

JETZT ist Jesus mit sich im Reinen.

JETZT hat er eine klare ideologische Linie.

JETZT ist er argumentationsfest und unbeirrbar.

JETZT ist er bereit, seinem Volk als Messias zu dienen.

Doch damit steht er vor einem undurchdringlichen Dschungel von Problemen.

Zu Lebzeiten Jesu war das Judentum, wie wir bereits gesehen haben, in mehrere Sekten und Gruppierungen unterteilt, von denen jede ihre eigene Interpretation der jüdischen Gesetze und Traditionen hatte. Die Pharisäer, die Sadduzäer und die Essener sind nur einige der bekanntesten Gruppen. Die Pharisäer legten großen Wert auf die strikte Einhaltung des Gesetzes und förderten die Idee der individuellen Frömmigkeit. Die Sadduzäer, in erster Linie Aristokraten und Mitglieder des Hohepriestertums, hingegen folgten nur den schriftlichen Gesetzen der Thora und lehnten zusätzliche mündliche Traditionen und Auslegungen ab. Die Essener führten ein asketisches Leben in der Wüste und legten großen Wert auf Reinheit und geistliche Disziplin. Da war also eine Menge los im Judentum, und alle stritten um die richtige Deutung und Lebensweise. Der Druck durch die römische Besatzung warf die Frage auf, welche Werte das Judentum in Zukunft vertreten wollte. Diversität konnte man sich angesichts einer solchen Bedrohung schlicht nicht leisten, was in Friedenszeiten sicher anders gewesen wäre. Diese Unterschiede führten zu erheblichen Konflikten und Auseinandersetzungen innerhalb der jüdischen Gemeinschaft. Es gab Streitigkeiten über Fragen der Reinheit, der Gesetzestreue, der sozialen Gerechtigkeit und der Zusammenarbeit mit den römischen Besatzern. In dieser Zeit war das Judentum äußerst dynamisch und inhomogen – ein Faktor, der auch zu den aufrührerischen Aktivitäten von Wanderpredigern beitrug, das Judentum als Gemeinschaft aber schwächte, was angesichts der römischen Besatzung verhängnisvoll war.

Hinzu kommt, dass das jüdische Volk einen Messias erwartete, der sie von der römischen Herrschaft befreien würde. Diese Erwartung geht auf die Propheten des Alten Testaments zurück, die die Ankunft eines von Gott gesandten Erlösers vorhergesagt hatten. Diese Messias-Erwartung – man möchte beinahe sagen Sehnsucht –

nahm in Zeiten der Unruhe und des Leidens zu, als die Hoffnung auf göttliche Befreiung besonders stark war.

Die Figur des Messias, der in Zeiten der Krise Hoffnung weckt und Gerechtigkeit herstellt, ist ein grundlegender Bestandteil des Judentums. Diese Figur ist nicht nur ein Symbol des Trostes und der Erlösung, sondern auch ein Agent des sozialen Wandels, der von Gott autorisiert ist. Diese Vorstellung existiert in der jüdischen Tradition lange vor dem Auftreten von Jesus. Das Konzept des Messias, der in schwierigen Zeiten erscheint, um die Welt zu retten, liefert die perfekten Voraussetzungen für eine Heldengeschichte. Es ermöglicht die Erzählung einer Geschichte, die von Hoffnung, Mut und ultimativer Erlösung durch göttliche Intervention geprägt ist. So bildet das Bild des Messias ein zentrales Element im narrativen und spirituellen Gefüge des Judentums. Wir können deshalb nachvollziehen, warum die Wahl zum Messias für einen jungen Mann zu Jesu Lebzeiten und mit seinem kulturellen Kontext unglaublich attraktiv gewesen sein muss, ein wenig wie ein Popstar zu unserer Zeit.

Was noch fehlt, ist die Kulisse, der Rahmen, in dem sich diese Geschichte abspielt und die der Heldengeschichte eine besondere Dringlichkeit und Bedeutung verleiht. Ein Held zu sein, reicht nicht, wenn es keine Welt gibt, die gerettet werden muss.

Menschen in Zeiten dramatischer Umbrüche neigen oft dazu, das Ende der Welt zu prophezeien. Dieses Phänomen ist nicht auf das Christentum beschränkt, sondern findet sich in vielen Kulturen und Zeiträumen. Krisenzeiten gehen mit einem Gefühl der Unsicherheit und Angst einher. Die Vorstellung vom Ende der Welt kann als Versuch gedeutet werden, einer unübersichtlichen, chaotischen Situation einen Sinn und ein Ende zu geben. Es ist eine Art von

Kontrollillusion, die uns vorgaukelt, mit dem Unbekannten umgehen und die Angst vor dem Unvorhersehbaren lindern zu können.

Ein klassisches historisches Beispiel dafür ist die Zeit des Schwarzen Todes im 14. Jahrhundert, als die Pest in Europa wütete und Millionen von Menschen tötete. Damals glaubten viele, das Ende der Welt sei nahe. Diese Vorstellung wurde durch religiöse Interpretationen verstärkt, die die Pest als göttliche Strafe für die Sünden der Menschheit deuteten. Die Vorstellung vom Weltende bot den Menschen eine Erklärung für das Unfassbare.

Prophezeiungen über das Ende der Welt kursierten bereits lange vor der Entstehung des Christentums und auch vor dem Judentum.

In der altägyptischen Kultur zum Beispiel ist die Geschichte des Gottkönigs Ra bekannt, der die Menschheit auslöschen wollte, als er glaubte, sie habe sich von ihm abgewandt. In der griechischen Mythologie erzählt die Geschichte der Titanomachie von einem gewaltigen Krieg zwischen Göttern und Titanen, der die Welt ins Chaos stürzte.

All diese Narrative spiegeln die menschliche Faszination für das Ende der Welt und die Wiederherstellung der Ordnung wider.

Das Ende der Welt ist also keine Erfindung des Christentums, sondern war ein zu Lebzeiten von Jesus Christus wohlbekanntes Konzept. Da wir bereits festgestellt haben, dass die Evangelisten hervorragende Geschichtenerzähler waren, liegt es nahe, dass sie sich die dramatische Kulisse eines bevorstehenden Weltendes, das sich durch drastische Ereignisse ankündigt, in ihre Erzählung einbetteten. Der Begriff dafür ist Eschatologie. Eschatologie befasst sich mit den letzten Dingen, dem Ende der Welt und dem Jüngsten Gericht. Sie ist ein zentraler Bestandteil vieler Religionen einschließlich des Christentums und eng mit Fragen der Sünde, der Erlösung und des Lebens nach dem Tod verbunden.

Im Kontext von Jesus und seiner Zeit war sein Auftreten symptomatisch für eine Ära des Umbruchs. Die eschatologischen Botschaften, die er vermittelte, einschließlich der Ankündigung des Reichs Gottes, sprachen die Bedürfnisse und Hoffnungen einer Bevölkerung an, die soziale und politische Unsicherheiten erlebte.

All dies vor Augen entscheidet Jesus sich methodisch für die »Ochsentour« – er beginnt als Wanderprediger, zieht durch Galiläa, predigt in den Synagogen, verkündigt das Reich Gottes und heilt die Kranken. In dieser Phase ruft er auch seine ersten Jünger zusammen, die ihn auf seiner Reise begleiten werden. Darunter sind Fischer wie Simon Petrus und Andreas, aber auch ein Zöllner wie Matthäus.

Junge alleinstehende Männer sind oft besonders empfänglich für Erneuerungsbewegungen, da sie sich in einer Phase des Umbruchs und auf der Suche nach Identität und Zugehörigkeit befinden. In der Regel sind sie weniger durch familiäre Verpflichtungen gebunden und daher offener für neue Ideen und Wege, sind oft unzufrieden mit dem Status quo und suchen nach Alternativen, die ihnen Sinn, Richtung und Gemeinschaft bieten können.

Im ersten Jahrhundert war die jüdische Gesellschaft Palästinas stark von Tradition und Althergebrachtem geprägt. Junge Männer, die unter diesen Umständen aufwuchsen, könnten sich durch die autoritären Strukturen und Regeln eingeengt gefühlt haben. Sie könnten nach neuen, weniger restriktiven und konservativen Wegen gesucht haben, um ihre jüdische Identität zu leben und auszudrücken. Jesus bot eine erfrischend andere Interpretation des Judentums an. Seine Botschaft war eine des Mitgefühls, der Liebe und der Fürsorge für die Armen und Benachteiligten. Er stellte das herrschende religiöse und soziale System infrage und forderte seine Anhänger auf, sich von ihren Besitztümern und ihrem alten Leben zu lösen und ihm nachzufolgen. Für unzufriedene junge Männer könnte diese radikale Botschaft sehr attraktiv gewesen sein. Sie bot eine

Möglichkeit, das Judentum auf eine neue, dynamische und persönliche Weise zu leben.

Wer sich in unseren Tagen einmal gefragt hat, wie Marketing-Fachleute darauf kommen, ein Konsumprodukt wie Jeans »Outsider« (also Außenseiter) zu nennen, ist nah dran an dem Selbstverständnis, das die Jünger gehabt haben mögen.

Mit diesem wachsenden Tross von Bewunderern im Rücken wird Jesus zunächst einmal zum Wundertätigen, der bei seinen Zuschauern für Staunen sorgt – so zumindest will es die Überlieferung. Die Bibel dokumentiert eine Vielzahl von Wundern, die Jesus während seines irdischen Dienstes vollbrachte.

Eines der bekanntesten ist die Verwandlung von Wasser in Wein während einer Hochzeit in Kana. Gemäß dem Johannes-Evangelium befiehlt Jesus den Dienern, sechs steinerne Wasserkrüge mit Wasser zu füllen. Als sie es zum Speisemeister bringen, ist es zu Wein geworden.

Diese Wundertat erinnert allerdings an eine Überlieferung von dem griechischen Gott Dionysos, dem Ähnliches nachgesagt wurde. Es ist denkbar, dass der Bericht belegen soll, Jesus kann so etwas auch und sogar noch mehr. So offenbart er seine Einzigartigkeit, und seine Jünger glauben an ihn.

Die Speisung der Fünftausend ist ein weiteres Wunder, das in allen vier Evangelien überliefert wird. Jesus, von einer großen Menschenmenge umgeben, die ihn hören will, hat nur fünf Brote und zwei Fische zur Verfügung. Er segnet das Brot und die Fische, bricht sie und gibt sie seinen Jüngern, um sie unter die Menge zu verteilen. Alle essen und werden satt, und es bleiben sogar noch zwölf Körbe mit Brotstücken übrig.

Diese Geschichten erinnern mich an den von mir verehrten Satiriker Loriot (Vicco von Bülow), der einmal gefragt wurde, warum es in seinen Sketchen so häufig ums Essen geht. Er antwortete listig: »Nun, ich persönlich esse in der Tat täglich.« Ähnliches könnte auch im Kopf von Jesus vorgegangen sein, als er seine Auftritte konzipierte. Mahlzeiten galten seit jeher als Momente des Innehaltens und der Dankbarkeit. Einen Menschen, der Lebensmittel beliebig vervielfachen kann, könnte auch unsere heutige Welt gut gebrauchen, in der täglich tausende von Menschen an Unterernährung sterben. Aus der wundersamen Legende ist leider keine nachhaltige Problemlösung geworden.

Auffällig ist aus heutiger Sicht auch, dass Jesus zum Fisch kein alternatives Angebot für Vegetarier schafft. Wäre die Geschichte in unseren Tagen entstanden, hätte es etwas Tofu sein müssen. Aber damals waren die Menschen wohl froh, wenn sie überhaupt etwas zu essen bekamen, ohne im Hinterkopf eine Negativliste abzuprüfen. Immerhin, bei Brot und Fisch, die der Sohn Gottes selbst erschaffen hat, darf man wohl von Bio-Qualität ausgehen.

Dazu kommt eine größere Zahl von Heilungen, von denen man zumindest einige auf die Behebung psychosomatischer Blockaden durch starke Suggestion zurückführen kann, wie sie Jesus zu eigen war.

Eine Sonderstellung unter den Berichten über Wunder nimmt für mich die Heilung des Gelähmten in Kapernaum ein. In den Evangelien nach Markus, Lukas und Matthäus (man beachte die Breite) wird berichtet, Jesus sei Gast in einem Haus der Stadt gewesen.

Da er bereits lokale Prominenz hat, sammeln sich um das Gehöft zahlreiche Menschen, die offenbar Zeugen von spektakulären Wundertaten werden wollen. Durch diese Menschenansammlung hindurch versucht sich mit handfesten Methoden eine Gruppe von vier Brüdern zu drängen, die einen weiteren gelähmten Bruder auf einer Liege zu Jesus bringen wollen. Da die Menschenmenge dicht steht, dringt die Gruppe trotz aller Grobheit nicht durch, sodass sie beschließt, das Haus, in dem Jesus lehrt, über das Dach zu entern, öffnet eine Dachluke und lässt den Gelähmten hinunter.

Jesus zeigt sich angeblich beeindruckt von ihrem Glauben und sagt zu dem Gelähmten: »Deine Sünden sind dir vergeben«, und danach befiehlt er ihm, sich seine Liege zu schnappen und zu gehen. Der Mann steht auf und geht zur Tür hinaus, zum Erstaunen aller jubelnden Zuschauer.

Diese Erzählung erscheint mir konstruiert, um eine Sachaussage für die Nachwelt zu transportieren. Sie folgt nämlich modellhaft einem festgelegten Handlungsablauf:

Man macht für ein Publikum einen Gegenstand unübersehbar und lenkt die ganze Aufmerksamkeit darauf.

Dann wird dieser Gegenstand dem Gesichtsfeld des Publikums entzogen.

Während er unsichtbar ist, wird suggeriert, dass gerade etwas Übernatürliches geschieht.

Dann wird der Gegenstand schlagartig wieder sichtbar gemacht, und alle erkennen erstaunt: Er wurde verwandelt.

Dies ist die präzise Beschreibung des Ablaufes eines Zaubertricks. Ich vermute, uns wird hier nicht ein tatsächliches Geschehen überliefert, sondern gleichnishaft erklärt, dass man auch in der Antike schon wusste, wie Zaubertricks funktionieren. Und dieser Mann aus Nazareth war ein Meister darin.

Die Wunder Jesu, soweit sie sich tatsächlich abgespielt haben, mögen technisch gesehen Zaubertricks gewesen sein. Doch diese Sichtweise greift zu kurz. Heute nennt man Zauberkünstler auch Illusionisten, was der Sache näher kommt, denn sie verursachen eine augenblickliche und dramatische Veränderung, die auf keinem bekannten physikalischen Prinzip beruht, und erzeugen so ein Gefühl des Staunens und der Faszination. Allerdings gibt es einen entscheidenden

Unterschied zwischen den Wundern Jesu und den Tricks eines Zauberers: die Absicht dahinter. Die Wunder Jesu dienten nicht der Unterhaltung eines zahlenden Publikums und auch nicht der Eitelkeit des Künstlers.

Die Vorführungen von Jesus dienten einem höheren Zweck, nämlich dazu, seine göttliche Natur glaubhaft zu machen und das Reich Gottes zu verkünden. Sie sollten keine bloßen Illusionen oder Täuschungen sein, sondern echte Eingriffe in die natürliche Ordnung durch Gott selbst. In den Augen der Zeugen öffnete sich einen Spalt breit das Tor zum Himmelreich, in dem sich alle Probleme, alle Not, alle Krankheit, alle Angst auflösen.

Ob sich alle diese Ereignisse tatsächlich so zugetragen haben und ob es in allen Fällen Jesus war, der diese Wunder bewirkte, können wir nicht mit Sicherheit sagen.

Letztlich kommt es darauf an, wie diese Handlungen interpretiert werden. Für das Wirken von Jesus geht es um religiöse Überhöhung, den Deutungszusammenhang mit dem Heiligen, der Jesus nachträglich von den Evangelisten verliehen wurde. Jesus wollte die Menschen von dem kommenden Reich Gottes überzeugen, und Illusionen waren seine Verkaufshilfen.

Erneut sind es nur die Evangelisten, die uns davon erzählen, und zwar viele Jahrzehnte später. Von Zeitgenossen, die Jesus möglicherweise begegneten und mit eigenen Augen sahen, was er bewirken konnte, fehlt jede Spur. Es gibt also keine unmittelbaren Augenzeugen für das, was uns die Bibel über Jesu Jahre als Wanderprediger, Illusionist und Wunderheiler erzählt.

Es entbehrt nicht eines gewissen Zynismus, dass christliche Missionare sich dieser Trickkiste auch in späteren Zeiten bedienten, wenn es um den Kampf um Anhängerschaft und die Rettung der Seelen ging, wie man die Mission gerne nannte.

Die Geschichte des Christentums ist reich an Beispielen, in denen Missionare mit ungewöhnlichen Taktiken vorgingen, um indigene Völker zu evangelisieren. Insbesondere in Nordamerika sind Fälle bekannt, in denen die Jesuiten Spiegel und Magnete einsetzten, um scheinbare Wunder zu vollbringen. Diese Taktiken hatten den Zweck, das Vertrauen und die Bewunderung der Indigenen zu gewinnen und sie davon zu überzeugen, ihre traditionellen Glaubenssysteme aufzugeben und sich taufen zu lassen.

Dabei standen diese Missionare oft in direktem Konflikt mit den religiösen Spezialisten der indigenen Völker wie Schamanen und Medizinmännern. Diese religiösen Führer hatten ihre eigenen Praktiken und Rituale, die ebenfalls auf dem Glauben an übernatürliche Kräfte und letztlich Tricks beruhten. Daher war die Bekehrung zu einer neuen Religion oft ein komplexer und konfliktreicher Prozess, der durch unseriöse Tricksereien entschieden wurde. Immerhin war das noch die harmlosere Vorstufe zu Methoden nackter Gewalt: »Tod oder Taufe.«

Zwei weitere Berichte werden als wichtige Schritte auf Jesu Reise betont.

In einer Geschichte, die Johannes, den Letzten in der Reihe der Evangelisten, beschreibt, begegnet Jesus einer samaritanischen Frau. In der damaligen Zeit bestanden zwischen Juden und Samaritern gesellschaftliche und religiöse Spannungen, die zu einer tiefen Abneigung und zu sozialer Isolation seitens der Juden führten.

Zusätzlich zu diesen religiösen und ethnischen Unterschieden kam die Tatsache, dass Jesus, ein Mann, öffentlich mit einer Frau sprach, was nach den sozialen Normen der damaligen Zeit ebenfalls verboten war. Im Gespräch mit der samaritanischen Frau überschritt Jesus sowohl religiöse als auch soziale Schranken, was seine revolutionäre Botschaft und seine Bereitschaft, traditionelle Grenzen zu durchbrechen, unterstreicht. Jesus zeigt, dass er nicht an Vorurteilen festhält und dass alle Menschen, unabhängig von Geschlecht, Herkunft oder sozialem Status, seiner Liebe und Barmherzigkeit teilhaftig werden können.

In der Bibel wird auch die Transfiguration auf einem hohen Berg als ein entscheidendes Ereignis beschrieben. Wiederum in drei Evangelien wird erzählt, wie Jesus vor den Augen seiner engsten Jünger Petrus, Jakobus und Johannes in ein strahlendes Licht getaucht wird. Während dieser transzendenten Erfahrung erscheinen plötzlich Moses und Elia, zwei zentrale Gestalten aus der jüdischen Geschichte.

Dieses außergewöhnliche Ereignis bereitet die Jünger auf die bevorstehenden Ereignisse vor und darauf, dass sie bereit sein müssen, mit Jesus durch schwierige Zeiten zu gehen. Die Erscheinung von Moses und Elia stellt eine Verbindung zwischen dem Gesetz (dargestellt durch Moses) und den Propheten (dargestellt durch Elia) her. Jesus wird als der erwartete Messias präsentiert, der sowohl die prophetischen Traditionen als auch das Gesetz erfüllt.

Diese Erzählungen von göttlicher Legitimität stehen im Widerspruch zu der unter Zeitgenossen wachsenden Kritik, der Jesus ausgesetzt war, er sei nur ein Zauberer und mit Dämonen im Bunde. Sie sind so etwas wie das Antiserum gegen diese Behauptungen, und erneut liegt es nahe, dass sie erst später erfunden wurden, um die zeitgenössischen Aussagen über Jesu Wirken und die darin enthaltene Kritik rückwirkend zu entkräften.

Ich kenne Menschen, die die Bergpredigt, die im Matthäus-Evangelium aufgezeichnet ist, als geistig-moralischen Leitfaden für ihr Leben bezeichnen. Sie gilt als fundamentaler Text des Christentums und als Quintessenz der Lehren Jesu. Sie stellt einen Wendepunkt in seinem Wirken dar und enthält Schlüsselaussagen wie die Seligpreisungen, in denen Jesus die Armen, die Trauernden, die Sanftmütigen, die Friedensstifter und die nach Gerechtigkeit Dürstenden seligpreist.

Zudem präsentiert Jesus in der Bergpredigt die Antithesen, in denen er die jüdische Gesetzgebung neu interpretiert. Er stellt klar, dass es nicht nur um die äußere Einhaltung der Gebote geht, sondern auch um die innere Haltung.

Die Bergpredigt enthält auch das Vaterunser, das Jesus als Modellgebet für seine Jünger einführt. Jesus betont die Bedeutung der Liebe zu Gott und zum Nächsten, des Vergebens und des Vertrauens in Gott. Dieser Text hat sich zum zentralen Gebet des Christentums entwickelt.

Die Bergpredigt kann im Sinne einer Heldengeschichte interpretiert werden, in der Jesus als der Held auftritt, der den Menschen eine neue Lehre vermittelt. In dieser Geschichte geht es darum, dass Jesus Retter und Erlöser ist, der die Menschen segnet und ihnen zeigt, wie sie ein erfülltes und gottgefälliges Leben führen können. Die Seligpreisungen definieren heldenhafte Tugenden, die Antithesen sollen eine höhere moralische Ebene erreichen, das Vaterunser dient als Anleitung, um eine persönliche Verbindung zu Gott herzustellen. Insgesamt vermittelt die Bergpredigt die Botschaft, Jesus sei als Held gekommen, um die Menschen zu leiten und ihnen den Weg zu Gott zu zeigen.

In jeder Heldengeschichte gibt es ein sogenanntes Elixier – ein heiliges oder mächtiges Gut, das der Held aus der »anderen Welt« mitbringt, um seine ursprüngliche, geplagte Welt zu heilen. In der Erzählung von Jesus kann die Bergpredigt als dieses Elixier betrachtet werden. Sie enthält die neuen Lehren und Weisheiten, die Jesus seinen Jüngern und der Welt gibt, um sie zu heilen und zu transformieren. In der klassischen Heldenreise entdeckt der Held das Elixier allerdings erst, nachdem er das Böse besiegt hat. In diesem Fall jedoch präsentiert Jesus das Elixier – die Bergpredigt – bevor

Bergpredigt 2.0

er den ultimativen Kampf gegen das Böse, dargestellt durch seine Kreuzigung und Auferstehung, austrägt.

Dafür gibt es zwei denkbare Erklärungen.

Zum einen ist vorstellbar, dass Jesus sich in einer persönlichen Krise befand und nicht mehr an die erfolgreiche Durchführung seiner Mission glaubte. Also verschoss er seinen letzten Pfeil.

Zum anderen ist es möglich, dass die Bergpredigt erst später in die Geschichte eingefügt wurde.

In der Antike waren die gebräuchlichsten Schreibmaterialien Wachstäfelchen und Tinte auf Papyrus. Damit stellen sich Fragen hinsichtlich der Authentizität und Überlieferung des Predigttextes. Woher wissen wir, was Jesus tatsächlich gesagt hat? Hatte Jesus ein festgelegtes Redekonzept? Wohl kaum, seine Botschaft quoll förmlich aus ihm heraus. Er brauchte seinen Text nicht abzulesen.

Aber wie wurde seine Predigt aufgezeichnet und übertragen? Es ist unwahrscheinlich, dass jemand während Jesu Predigt auf dem Berg mit den vorhandenen schwergängigen Mitteln mitschrieb. Es ist eher anzunehmen, dass die Aussagen Jesu durch mündliche Überlieferungen, über Erzählungen und Erinnerungen seiner Zuhörer weitergegeben wurden. Doch bekanntlich ist die menschliche Erinnerung fehlerhaft und kann sich im Laufe der Zeit verändern. Eines der bekanntesten Beispiele dafür ist das Spiel »Stille Post«, bei dem eine Nachricht von Person zu Person überliefert wird. Am Ende der Kette ist die ursprüngliche Nachricht oft völlig verändert.

Stellen Sie sich vor, ein durchschnittlicher Zuhörer der Bergpredigt, zum Beispiel ein Fischer, kommt nach Hause, und seine Frau fragt ihn, was Jesus denn Wichtiges gesagt habe.

»Das Himmelreich kommt. Wir sollen Respekt vor Gott haben und uns alle liebhaben.« Bei den übrigen Zuhörern wird es auch nicht viel besser gewesen sein. Diese Eindrücke der Zeugen sind aber der Ursprung der Überlieferung über vier Jahrzehnte hinweg bis zur Niederschrift durch Matthäus.

Im Übrigen ist denkbar, dass die Bergpredigt mehrfach an verschiedenen Orten gehalten wurde. Da werden nicht alle Auftritte exakt textgleich gewesen sein.

Ohne überirdisches Eingreifen des Heiligen Geistes ist es kaum vorstellbar, dass die Worte von Jesus sinngleich in die Schreibfeder von Matthäus geflossen sein sollen. Vielmehr könnte der Evangelist die Aussagen so dargestellt haben, wie er es für passend hielt und wie es der christlichen Botschaft am besten diente. Daher sollten wir die in der Bibel aufgezeichneten Worte Jesu kritisch betrachten und die Möglichkeit in Betracht ziehen, dass sie möglicherweise nicht exakt das wiedergeben, was Jesus ursprünglich gesagt hat, sondern was man sich wünschte, was er gesagt haben sollte.

Was die Glaubhaftigkeit der Bergpredigt anbetrifft, halte ich im weiteren Verlauf des Buches noch Trost bereit, aber zunächst müssen wir dem Weg Jesu folgen.

Was also können wir mit Gewissheit über den historischen Jesus sagen? Jesus war offenbar ein charismatischer Redner mit einem ausgeprägten Sinn für den Umgang mit Menschenansammlungen.

So beschreibt ihn auch Flavius Josephus, ein jüdisch-römischer Berichterstatter, der als (Beinahe-) Zeitzeuge der Einzige ist, der von Jesus eine kurze Beschreibung hinterlassen hat. Demnach war er überdurchschnittlich groß, sehr redegewandt und übte eine starke Wirkung auf andere Menschen aus.

Trotz dieser hervorragenden Begabungen lehnten Teile der jüdischen Bevölkerung ihn ab, da er nicht die traditionellen Erwartungen an den Messias erfüllte, wie etwa die Vertreibung der Besatzungsmacht, die Errichtung eines unabhängigen jüdischen Staates und die Wiederherstellung des davidischen Königtums. Seine eigenen Leute wollten Jesus also nicht so recht als Messias anerkennen, Wundertaten hin oder her.

In der Tat finden sich in der Bibel Hinweise darauf, dass Jesus Schwierigkeiten hatte, seine Rolle als Messias zu vermitteln und

Anhänger zu gewinnen. Ein bemerkenswertes Beispiel ist die Erzählung von der Speisung der Fünftausend. Nach dieser beeindruckenden Tat berichtet das Johannes-Evangelium, dass viele seiner Jünger sich abwandten und nicht länger mit ihm gingen, weil sie seine Lehren über das »Brot des Lebens« als schwierig empfanden. Dies zeigt, dass trotz seiner Wunder und Bemühungen, das Reich Gottes zu verkünden, viele Menschen Probleme hatten, seine Botschaft vollständig zu akzeptieren.

Schließlich führte die Kritik der Pharisäer und Schriftgelehrten an Jesus, wie sie in verschiedenen Teilen der Evangelien dargestellt wird, dazu, dass seine Glaubwürdigkeit infrage gestellt und seine Ansprüche auf die messianische Rolle abgelehnt wurden. Sie beschuldigten ihn, im Namen des »Fürsten der Dämonen« Wunder zu wirken. All diese Beispiele aus der Bibel zeigen, dass Jesus trotz seiner Bemühungen, das Reich Gottes zu verkünden und sich als Messias zu präsentieren, oft auf Skepsis, Misstrauen und Ablehnung stießen, auch in den eigenen Reihen.

Bevor er nach Jerusalem aufbrach, musste Jesus, der auf seinem Weg stets bemerkenswerte Gelassenheit und Entschlossenheit gezeigt hat, ziemlich verzweifelt gewesen sein. Mit seinen Zaubertricks und Predigten in der Wüste kam er nicht mehr weiter, er musste nun, wie jeder Held, in die tiefste Höhle vordringen und seinen Gegner direkt herausfordern: zum Tempel und den Sadduzäern, die zu jener Zeit die Deutungshoheit innehatten. Sie musste er konfrontieren, mit seinen Antithesen und reformistischen Ansichten im Gepäck, in der Hoffnung, mit diesem Spektakel ein möglichst großes Publikum zu überzeugen. Und welches Datum könnte dafür besser geeignet sein als das Pessach-Fest, während dessen die Stadt vor Reisenden quasi überquoll?

Während Jesus nicht seine beste Phase durchschritt, beobachtete ihn ein anderer, der recht zufrieden war mit dem, was er sah.

4. Kapitel:
Unterlaufen dem Messias Patzer, helfen gerne die Besatzer

Erinnern Sie sich noch an Trabelus Schutus, den fiktiven Agenten realer römischer Interessen?

Seit Jesus ihm aufgefallen ist, lässt er ihn nicht mehr aus den Augen. Besser gesagt, er lässt ihn beobachten. Vor allem sendet er sprachkundige Agenten zu den öffentlichen Auftritten von Jesus und lässt sich berichten, was dieser sagt. Was er hört, gefällt ihm sehr.

Jesus bindet die Römer ungenannt in den Begriff »Feinde« ein, denen man mit Liebe begegnen sollte. Kein einziges Mal polemisiert Jesus gegen die Besatzungsmacht, wie die meisten seiner Landsleute es tun, wenn sie öffentlich reden.

Könnte er die Lösung für die hartnäckigsten Probleme des Römischen Reichs in der Provinz Galiläa sein?

Trabelus Schutus entschließt sich zur Kontaktaufnahme, doch das ist gar nicht so einfach. Jesus ist ständig von Menschen umlagert, die an seinen Lippen hängen. Da ist eine konspirative Ansprache praktisch ausgeschlossen. Es muss über einen Mittelsmann gehen.

Sie werden ahnen, welchen Jünger er dafür auswählt. Judas hat offenbar ein Vertrauensverhältnis zu Jesus und kann sich frei bewegen. Ihn will Trabelus Schutus kontaktieren, und schon bald ergibt sich eine Gelegenheit. Der Römer nähert sich in Kleidung, die ihn nicht als solchen verrät, dem arglosen Jünger. Sollte zwischen beiden eine Sprachbarriere bestanden haben, musste er einen zuverlässigen Dolmetscher einschalten.

Das Weitere folgt dem Muster, nach dem bis heute Agenten angeworben werden.

Es wird mit Small Talk (usus cottidianus) begonnen haben. Vielleicht hat Trabelus dem Judas an einer Taverne sogar einen ausgegeben.

Er wird allerdings nicht lange riskiert haben, dass mit Judas seine Fantasie durchging, was die Bedeutung dieses Kontaktes betrifft. Trabelus wird offenbart haben, dass er in offizieller Mission von »ganz oben« unterwegs ist und entsprechende Kompetenzen hat. Das Ziel seiner Mission sei Frieden.

Das war nicht einmal gelogen und muss in den Ohren von Judas geklungen haben wie der Tusch eines ganzen Orchesters. Der erste Auftrag des Trabelus für Judas ist zu erfragen, ob Jesus bereit wäre, mit einem Vertreter Roms ein konstruktives Gespräch über eine mögliche Unterstützung seiner Ambitionen zu führen. Das war keineswegs selbstverständlich, sondern brisant. Immerhin war Jesus gläubiger Jude und als solcher Patriot.

Seine Stellung unter den Jüngern erlaubt Judas, einen günstigen Moment zu finden, vermutlich am späten Abend, als die anderen sich bereits zurückgezogen haben. Da wird er Jesus angesprochen haben, und dieser wird auf Grundlage seiner Menschenkenntnis sofort gespürt haben, dass Judas mit einem schwerwiegenden Problem belastet ist.

Da Judas seinen Herrn gut kennt, wird er einen diplomatischen Weg gefunden haben, das Thema zu eröffnen und die zunächst endscheidende Grundsatzfrage zu stellen: Kontakt ohne Verrat?

Wir wissen, dass Jesus mit seiner aktuellen Situation nicht völlig zufrieden war. Konnte die Ungeheuerlichkeit, die Judas vorträgt, eine Chance sein, ein Glücksfall, vielleicht ein Fingerzeig aus dem Himmel, um seiner Mission neuen Schub zu verleihen?

Ein Gespräch über Frieden ist noch kein Verrat am jüdischen Volk. Jesus wird sich anhören, was der Vertreter Roms zu sagen hat. Judas soll ausrichten, er werde das Gespräch weiterführen.

Ob Jesus und Trabelus unter den gegebenen Umständen überhaupt einmal von Angesicht zu Angesicht sprechen konnten, ist ungewiss, aber für den weiteren Gang der Dinge auch unerheblich. Es ist durchaus vorstellbar, dass unter Einsatz von Judas eine Art Pendel-Diplomatie entstand. Und es gab viel zu diskutieren – über Ziele und Methoden, über Chancen und Risiken, über die beteiligten Personen und das Volk, bis hin zu Täuschungen und Massenpsychologie.

Aus Sicht von Jesus müssen auch die Erwartungen der Gläubigen an einen Messias berücksichtigt werden, wie sie in den Schriften der Thora von etlichen Propheten vorhergesagt sind.

Das Alte Testament enthält in der Tat eine ganze Menge Vorhersagen im Zusammenhang mit dem Messias, die ihre entsprechende Erfüllung später in den Berichten im Neuen Testament finden.

Dort heißt es etwa: »Der Messias wird ein Nachkomme Abrahams sein«, was auch auf die Nachfahrenschaft von Isaak und Jakob zutrifft, ebenso wie seine Abstammung vom Stamme Juda und als direkter Nachkomme von König David, was ihn zum König der Juden macht. Auch heißt es bei Jesaja, dass dieser Messias in Bethlehem von einer Jungfrau geboren werde, nach seiner Geburt ein Massaker stattfinden werde und dass ihm ein Bote vorausgehen werde.

Wenn wir uns nun daran erinnern, dass die Weihnachtsgeschichte vermutlich eine mehrheitlich fiktive Erzählung ist, die Jesu Status als Messias und als Sohn Gottes legitimieren sollte, dann wird klar, warum sie all diese Elemente enthält und auch noch zentral in Szene setzt. Es finden sich weitere Prophezeiungen, vor allem im Buch

Jesaja, etwa, dass der Messias Wunder in Galiläa tun wird, Gebrochene aufrichten und in Bildern und Gleichnissen sprechen wird.

Bei Jesaja lesen wir auch, dass der Messias von den Juden abgelehnt und zurückgewiesen und in Jerusalem auf einem Esel einreiten werde. Davon berichtet uns Sacharja.

Von falschen Zeugen ist die Rede und auch vom Todesjahr des Messias sowie von seinem Verrat durch einen Getreuen für 30 Silberlinge und dass ihm Hände und Füße durchbohrt werden, wenn er mit den Sündern hingerichtet wird. Auch vom Speerstich in seiner Seite ist die Rede und dass er Durst leiden und sich drei Tage im Dunkeln unter der Erde befinden wird, bis er schließlich in die Höhe fährt. Auch, dass es das Grab eines reichen Mannes sein wird, ist im Alten Testament vermerkt, ebenso wie die Überwindung des Todes und die Wiederkehr als Sohn Gottes.

Doch wann genau wurden diese Prophezeiungen getroffen und wie sehr können wir uns auf ihre historische Authentizität verlassen?

Die Bücher des Alten Testaments wurden nicht gleichzeitig geschrieben, sondern in einzelnen Abschnitten über einen langen Zeitraum hinweg. Sie wurden von verschiedenen Autoren verfasst, die aus unterschiedlichen sozialen und religiösen Kontexten stammten. Traditionell wird angenommen, dass Mose die ersten fünf Bücher des Alten Testaments verfasste. Diese enthalten Genesis, Exodus, Leviticus, Numeri und Deuteronomium. Mose lebte laut Bibel im 13. oder 14. Jahrhundert v. Chr. Moses Bedeutung liegt in seiner Rolle als Vermittler des Gesetzes und Führer des Volkes Israel aus der Sklaverei in Ägypten. Was Letzteres betrifft, werden in der Wissenschaft Zweifel laut, ob dieser Auszug aus Ägypten tatsächlich stattgefunden hat. Mose steht im Verdacht, nicht eine einzige reale Person, sondern eine literarische Gestalt, vielleicht zusammengesetzt aus mehreren Identitäten, gewesen zu sein.

König David, der im 10. Jahrhundert v. Chr. lebte, wird traditionell als der Dichter der Psalmen angesehen. Er ist eine zentrale Figur im Judentum, bekannt als großer König und Krieger, aber auch als Mensch mit tiefen spirituellen Einsichten und Emotionen, die in den Psalmen zum Ausdruck kommen. König Salomo, der Sohn Davids, der im 10. Jahrhundert v. Chr. gelebt haben soll, wird traditionell als Autor von drei Büchern angesehen: Prediger, Hohes Lied und einige der Sprüche.

Während David zumindest in seiner Existenz nachgewiesen ist, fehlt von Salomo historisch und archäologisch jede Spur.

Die Bücher der Propheten einschließlich Jesaja, Jeremia, Hesekiel und die zwölf »kleinen« Propheten wurden den jeweiligen Propheten zugeschrieben, die zwischen dem 8. und 6. Jahrhundert v. Chr. lebten. Diese Propheten spielten eine wichtige Rolle in der religiösen und sozialen Entwicklung des Volkes Israel, und ihre Bücher enthalten oft scharfe Kritik an sozialer Ungerechtigkeit und falscher Anbetung sowie Hoffnung und Verheißungen für die Zukunft, waren also »Verwandte im Geiste« mit den Aposteln, die Jesu Leben aufzeichneten.

Die endgültige Form des Alten Testaments, wie wir sie heute kennen, wurde im Wesentlichen im 2. Jahrhundert n. Chr. festgelegt. Ein Schlüsselfaktor war die Zerstörung des zweiten Tempels in Jerusalem durch die Römer im Jahr 70 n. Chr. Dieses Ereignis stellte einen Wendepunkt in der jüdischen Geschichte dar und führte zu einer radikalen Neugestaltung der jüdischen Gemeinschaft und ihrer religiösen Praktiken.

In diesem Kontext gewannen die heiligen Schriften an Bedeutung als Mittel zur Bewahrung der jüdischen Traditionen und zur Führung der Gemeinschaft. Der Prozess der Kanonisierung, also die Auswahl und Autorisierung bestimmter Texte als heilige Schrift, war Teil dieser Bemühungen. Es war ein Weg, einen festen Kanon von

Texten zu etablieren, die als verbindliche Grundlage für den jüdischen Glauben und das religiöse Leben dienten. Dieser Prozess wurde auch durch die Entstehung des Christentums und die Herausforderungen und Kontroversen, die es mit sich brachte, beeinflusst. Die Christen, die das Alte Testament als Teil ihrer eigenen Heiligen Schrift übernahmen und interpretierten, stellten eine Herausforderung für die jüdische Autorität über diese Texte dar. Die Kanonisierung war daher wohl auch eine Reaktion auf diese Situation und der Versuch, die Deutungshoheit über die eigenen heiligen Texte zu behalten. Judentum und Christentum verwenden nicht genau dieselbe Version des Alten Testaments, obwohl sie viele Gemeinsamkeiten haben. Ein signifikanter Unterschied besteht darin, dass die christliche Reihenfolge der Bücher eine chronologische Abfolge vorsieht, während die jüdische Anordnung einen thematischen und literarischen Ansatz verfolgt. Darüber hinaus sind einige Bücher, die im christlichen Alten Testament enthalten sind, wie die Bücher der Makkabäer und das Buch der Weisheit, nicht Teil des kanonischen Tanach.

Das Neue Testament wurde größtenteils zwischen 45 und 120 n. Chr. verfasst und besteht aus 27 Büchern, geschrieben von verschiedenen Autoren, von denen die meisten jedoch anonym blieben. Die vier Evangelien, die das Leben und die Lehren von Jesus Christus schildern, wurden wahrscheinlich zwischen 70 und 120 n. Chr. verfasst. Matthäus, Markus, Lukas und Johannes sind die vier mutmaßlichen Autoren, obwohl die tatsächliche Verfasserschaft bis heute Gegenstand hitziger Debatten ist.

Die Apostelgeschichte, die die Anfänge des Christentums nach der Auferstehung Jesu erzählt, wurde wahrscheinlich von Lukas verfasst, die Briefe des Paulus, darunter Römer, Korinther und Galater, vermutlich zwischen 50 und 60 n. Chr., und die Offenbarung, das letzte Buch des Neuen Testaments, das apokalyptische Visionen und prophetische Vorhersagen enthält, wahrscheinlich gegen Ende des 1. Jahrhunderts n. Chr.

Wir merken uns, dass die endgültige Version des Alten Testaments erst etwa 100 bis 150 Jahre nach dem Tod von Jesus Christus festgelegt wurde, also in einer Zeit, in der das Neue Testament bereits verfasst beziehungsweise kanonisiert worden war. Diese Tatsache wirft ein interessantes Licht auf die historischen Beziehungen und Wechselwirkungen zwischen Judentum und frühem Christentum. Beide Prozesse bedingten einander zumindest teilweise und hatten in jedem Fall einen entsprechenden Einfluss aufeinander. Diese Form von nachträglicher Kanonisierung und Redaktion rückt den Grundsatz von »sola scriptura« – also nur die Schrift – und somit auch die Konzeption von Schriftreligionen im Allgemeinen in ein neues Licht. Viele Texte wurden nicht nur verschriftlicht, sondern immer wieder auch überarbeitet und neu formuliert. Dies führt zur Frage, wie viel von den Prophezeiungen oder Weisheiten der Propheten des Alten Testaments noch in ihrer ursprünglichen Form und Bedeutung existiert, oder ob sie lediglich Interpretationen späterer Epochen und Autoren darstellen.

Diese Betrachtungen werfen Fragen auf hinsichtlich der kausalen Zusammenhänge zwischen den Teilen der Bibel und dem tatsächlichen Geschehen um den Mann aus Nazareth.

Aus heutiger Sicht können sich die Annahmen zwischen zwei Polen bewegen.

Die erste Sichtweise: Selbstverständlich kannte Jesus diese Prophezeiungen aus dem Studium der Schriften. Er könnte nach Galiläa gegangen sein, um die Prophezeiungen zu erfüllen und sich als Messias zu positionieren. Demnach hätte er – wie ein Schauspieler Regieanweisungen befolgt – die Prophezeiungen für die Ereignisse an jenem ersten Ostern 33 n. Chr. in Jerusalem eingelöst.

Die zweite, kompliziertere Möglichkeit: Von Autoren, die nach Jesus gelebt haben, wurden wichtige Teile der Schriften überarbeitet und inhaltlich ergänzt. Das heißt, Prophezeiungen wurden nachträglich eingefügt, als man die Umsetzung schon kannte. In der Tat ist es verdächtig, wenn Schriftzeugnisse aus verschiedenen Epochen, die auf eine Mehrzahl von Autoren zurückgehen, so ideal zusammenpassen wie die alten Prophezeiungen und die Berichte vom Leben Jesu.

Wenn in einem System alle Zahnräder störungsfrei ineinander greifen, dann wurde es als Ganzes konstruiert und nicht über lange Zeit von diversen Beteiligten dezentral entwickelt.

Dies sollten wir in Erinnerung behalten, wenn wir nun Jesus nach Jerusalem folgen und die dortigen Ereignisse nach der Frage beurteilen, ob sie historische Fakten sind oder Teil einer großen, mit religiöser Bedeutung aufgeladenen und größtenteils fiktiven Geschichte, ersonnen von Autoren, die einen Plan verfolgten.

Gehen wir zurück nach Galiläa am Vorabend des Einzuges von Jesus nach Jerusalem.

Unter Würdigung dieser religiösen Aspekte entsteht zwischen Jesus und Trabelus Schritt für Schritt ein Aktionsplan mit Eskalationsstufen, die jeweils die Autoritäten angreifen und bloßstellen sollen, in der Hoffnung, dass aus dem nach Veränderung gierenden Volk eine Bewegung entsteht, die letztlich die alte Ordnung hinweg fegt und Jesus als Messias auf den Thron setzt.

Man will Steine und immer größere Felsbrocken in einen See werfen in der Hoffnung, dass ein Tsunami entsteht.

Die erste Eskalationsstufe bietet sich praktisch von selbst an, soweit man nicht davon ausgehen will, dass die Geschichte von der Erweckung des Lazarus komplett erfunden ist.

To Complot or not To Complot

Lazarus, dessen Name heute noch als Synonym für einen bedauernswerten, leidenden Menschen steht, dieser arme Kerl ist ein alter Freund von Jesus und liegt schwer krank darnieder, sodass seine Schwestern in ihrer Verzweiflung nach Jesus rufen, er möge kommen und an seinem Freund ein Wunder tun. Dieser Ruf passt schlecht in dessen Terminkalender, sodass Lazarus bereits vier Tage im Grab gelegen haben soll, als Jesus in der Stadt Bethanien auftaucht. Die Anwohner sind bereits am Trauern, die Luft ist schwer vom Geruch der Verwesung, Maria und Martha, die Schwestern des Lazarus, sind tief in Trauer versunken. Als Jesus endlich eintrifft, wirft Martha ihm vor, zu spät gekommen zu sein. »Herr, wärst du hier gewesen, dann wäre mein Bruder nicht gestorben«, sagt sie mit schmerzerfülltem Blick und bitterer Enttäuschung in ihrer Stimme. Doch trotz ihrer emotionalen Erschütterung und ihrer Enttäuschung über sein verspätetes Erscheinen behält sie ihren Glauben an ihn: »Aber auch jetzt weiß ich: Alles, was du von Gott bittest, wird Gott dir geben.« Diese Worte zeugen von einer tiefsitzenden Überzeugung und einem ungebrochenen Glauben trotz der Verzweiflung und des Schmerzes, die sie durchlebt.

Diese Szene ist von solch emotionaler Tiefe und so voll von der Größe des Glaubens, dass sie bis heute in den Herzen der Gläubigen nachhallt. Die Menschen um sie herum waren ergriffen von den Worten und der Hingabe der Schwestern. Nun bin ich persönlich ohne jede medizinische Ausbildung, und Notfallmediziner mögen mir gegebenenfalls widersprechen. Aber ich neige dazu, für den Berufsstand der Wunderheiler laienhaft die Regel aufzustellen: Wenn der Leichnam schon nach Verwesung riecht, kannst du die Wiederbelebung vergessen.

Aber unangefochten von solchen Überlegungen spricht Jesus als Star der Szene die unsterblichen Worte: »Lazarus, komm heraus!« Und Lazarus, in Grabtücher gewickelt und mit einem Schweißtuch über dem Gesicht, stolpert aus dem Grab, wahrscheinlich völlig verwirrt und verblüfft über das plötzliche Interesse an seiner Person. Die Menschen um ihn herum sind sprachlos vor Staunen und Ehrfurcht.

Manche Kritiker werden einwenden, Lazarus sei vielleicht nie wirklich tot gewesen, denn objektive Zeugen gibt es wie immer bei den Wundern der Evangelien nicht. Im Deutschen wird gelegentlich das zusammengedrechselte Wort »todsterbenskrank« verwendet. Das könnte vielleicht den damaligen Zustand von Lazarus treffend beschreiben, als sein Kumpel Jesus in die Tür tritt und etwas sagt wie: »Reiß dich zusammen, du Jammerlappen, und komm raus. Ich brauche dich als Wunder.«

Die Geschichte ist faszinierend, keine Frage. Doch lassen Sie uns die Wiederbelebung des Lazarus noch unter einem anderen Blickwinkel betrachten.

Die Sadduzäer, bekanntlich die religiöse Elite in Jerusalem und im Tempel, lehrten, es gebe kein Leben nach dem Tod. Nun hatte Jesus einen Menschen vom Tode zurückgeholt und damit die Lehre der Sadduzäer widerlegt und diese mächtige Gruppe vor den Augen der anwachsenden Pessach-Gemeinde in Jerusalem der Lächerlichkeit preisgegeben. Die Sadduzäer müssen geschäumt haben vor Wut und hätten Jesus am liebsten gleich eigenhändig an das nächste Kreuz genagelt.

Betrachtet man die Geschichte unter diesem Gesichtspunkt, ergibt sie einen neuen Sinn. Das Wunder ist ein politisches Statement. Jesus provoziert die religiöse Elite und zeigt ihr, dass es mehr im Jenseits gibt, als sie behauptet. Damit greift er ein religiöses Dogma an und positioniert sich gleichzeitig als Messias, als Erneuerer der Bindung zwischen dem jüdischen Volk und Gott. Er fordert den Status quo heraus, noch bevor er überhaupt in Jerusalem ankommt.

Für die zweite Eskalationsstufe gab es klare Regieanweisungen seitens der Propheten in den alten Schriften.

Schon Tage zuvor haben die Jünger die Bereitstellung eines Esels verabredet. Auf diesem geduldigen Grautier reitet Jesus in strenger Übereinstimmung mit den Prophezeiungen in die Stadt. Palmblätter werden gestreut, die Jünger bilden sein Gefolge. Schon als Jesus sich der Stadt nähert, beginnt die Menge zu jubeln. Trabelus, inkognito in der Menge, erhebt den rechten Daumen und ruft: »Bravo, Jesus! Damit kannst du in den Circus!« Die Menge ist außer sich vor Begeisterung, einige Menschen weinen sogar vor Freude. Es ist eine perfekt inszenierte Show für die Randgruppen der Gesellschaft, die die Herzen der Menschen erreicht.

Zeitgleich auf der anderen Seite der Stadt vor einem anderen Tor bereitet sich Pontius Pilatus auf seinen eigenen Auftritt zum Fest vor. Er thront auf einem weißen Pferd, einem Symbol seiner Macht und Autorität, während Jesus auf einem Esel reitet, einem Symbol der Demut und Bescheidenheit. So spielen beide die ihnen zugewiesene Rolle in dem Schauspiel. Der Held und der Schurke betreten die Bühne. Härter könnten die Gegensätze nicht sein.

Nachdem Jesus auf seinem Esel in Jerusalem eingetroffen ist, macht er sich gleich auf den Weg zum Tempel und damit zur dritten Eskalationsstufe auf dem Weg zu seiner Rolle als König der Juden und Friedensstifter zwischen Römern und Juden. Er stürmt in die heilige Stätte unter Missachtung der Reinheitsvorschriften, was bereits zu einem ersten Streit mit den Tempelwächtern führt. Jesus beginnt lautstark und leidenschaftlich zu diskutieren, er erhebt seine Stimme für die Reinheit der Lehre und gegen die Geschäftemacher und Geldwechsler, die den Tempel seiner Meinung nach entweiht haben.

Die Tempelherren sind bestrebt, Jesus in einen Konflikt und zwischen die Fronten von römischer Besatzung und jüdischer Aristokratie zu bringen. Bezahlte Provokateure sollen ihn in eine Falle locken, indem sie scheinheilig fragen, ob es für gläubige Juden vertretbar sei, an den römischen Kaiser Steuern zu entrichten.

Jesu Antwort ist berühmt geworden: »Gebt Gott, was Gottes ist, und dem Kaiser, was des Kaisers ist.«

Hierzu sind mir mehrere Deutungen bekannt geworden.

In der Schule wurde uns erzählt, diese Geschichte zeige, wie friedfertig, ausgewogen, geradezu salomonisch Jesus auf politische Fragen einging. Eine spätere Deutung hob darauf ab, dass die Römer ihren Kaiser als gottgleich ansahen und eine Differenzierung mit einem anderen Gott die römische Kultur beleidigte und die Armee provozierte.

Eine andere Interpretation ging davon aus, dass Jesus in Kürze den Eintritt des Himmelreiches erwartete. Dann wäre die Zeit des römischen Kaisers ohnehin vorbei. Es sei gar nicht nötig, die Grenzen seiner Macht abzustecken.

Hierzu habe ich eine weitere Interpretation anzubieten. Jesus verrät bewusst für alle im Tempel hörbar (und später für alle Christen in der Bibel zu lesen) seinen Plan. Er läuft hinaus auf höchst moderne Begriffe wie »friedliche Koexistenz« und »Trennung von Staat und Kirche«. Er löst den in der Frage unterstellten Gegensatz auf, indem er eine Formel liefert, die traditionelle Konfrontation durch Kooperation zu ersetzen.

So wie er als friedfertiger Messias und König der Juden konstruktiv zusammenarbeiten könnte mit einer römischen Verwaltung, die sich auf rein staatliche Funktionen beschränkt, während das Volk das Himmelreich anstrebt. Auch für Trabelus Schutus drückt sich in dieser Formel die Erfüllung seiner Wünsche aus.

Dieser Gedanke hätte durchaus das Potenzial gehabt, die Konflikte zwischen Römern und Juden zu lösen. Es war ein völlig neuer Ansatz, der theoretisch zu der gewünschten Befriedung Judäas hätte führen können bis hin zu weltpolitischen Veränderungen, die bis in unsere Tage reichen.

Den revolutionären Worten folgte unter den Gläubigen noch keine Revolution. Also muss Jesus noch eine Stufe höher schalten, in die vierte Eskalationsstufe: Randale.

Der bis dahin gepflegte Eindruck der Gewaltlosigkeit im Wirken von Jesus wird nun durchbrochen. Die Händler und Geldwechsler, denen er schon die Entweihung der heiligen Stätte vorgeworfen hat, greift er nun tätlich an.

Die Bibel schildert die Szene, in der Jesus Tische umwirft und Warenkörbe umtritt, derart dramatisch, dass ich versucht bin, an eine zutreffende Darstellung zu glauben.

Es ist eine faktische, vor allem aber eine moralische Säuberung des heiligen Areals.

Wichtig ist auch zu sehen, dass diese spektakuläre Attacke sich nicht nur gegen religiöse und politische Institutionen richtet. Der Tempel ist auch Marktplatz wichtiger wirtschaftlicher Interessen, der Handel dort ein gewichtiger Wirtschaftsfaktor. Auf die Zeitgenossen muss der Aufruhr im Tempel gewirkt haben wie heutzutage ein Terroranschlag auf die Londoner Börse. Und nicht zuletzt sind die Herren des Tempels auf dem Markt mit eigenen Ständen vertreten und vergeben die Rechte hierfür. Jesus greift also unmittelbar die gewerblichen Interessen der Tempel-Aristokratie an. Auf diesen Griff in ihre Geldbeutel dürften sie reagiert haben wie gereizte Elefanten. Jesus hat eine Stampede ausgelöst, die nun auf ihn zurollt.

Im Gegensatz dazu ist die Zurückhaltung einer anderen Partei auffällig. Dazu muss man wissen, dass die römische Garnison in Jerusalem direkt an den Tempel grenzte. Die Festungsmauer bildete sogar eine Begrenzung des Tempelbereiches. Auf dieser Mauer standen römische Soldaten, jederzeit bereit einzugreifen, wenn die Ruhe gestört wurde. Bei Jesu Auftritt taten sie allerdings nichts dergleichen.

Das könnte daran liegen, dass Trabelus Schutus ihnen hatte befehlen lassen, den Tobsuchtsanfall im Tempel zu ignorieren und dem Handgemenge seinen Lauf zu lassen, zumindest solange Jesus die Oberhand behielt. Eine vorzeitige Festnahme hätte den Plan stören können.

Ich sehe förmlich, wie die römischen Legionäre fröhlich pfeifend auf ihrem Wehrgang patrouillieren, während sich unten die Juden prügeln.

Dazwischen steht feixend Trabelus Schutus und beobachtet, wie Händler ihren als Handelswaren gedachten Opfertieren hinterher rennen, die bei Jesu Aktion freigekommen sind.

Nach der Aufregung im Tempel ist Jesus das Thema Nummer Eins in den Gassen Jerusalems. Stellen Sie sich die Szene vor: Ein Mann, der sich selbst als der Messias, den Sohn Gottes, den König der Juden proklamiert. Die Menschen mochten sich fragen: Ist er tatsächlich der Erlöser, auf den sie gewartet haben, oder nur ein weiterer falscher Prophet, der seinen Ehrgeiz über das Wohl des jüdischen Volkes stellt?

Die religionswissenschaftliche Perspektive lässt hier verschiedene Interpretationen zu: Jesus – ein charismatischer, zutiefst überzeugter Prediger mit einem starken Sinn für Gerechtigkeit, oder ein religiöser Fanatiker, der die Grenze zwischen göttlichem Auftrag und persönlichen Emotionen überschritten hat? Wie auch immer wir über ihn denken mögen, eines ist sicher: Jesus hat nach der Randale im Tempel die uneingeschränkte Aufmerksamkeit von ganz Jerusalem.

Derweil versucht er selbst seinen Puls zu beruhigen und die berühmteste Dinner Party der Geschichte auf dem gemieteten Dach eines Bürgerhauses zu veranstalten.

Er versammelt seine Jünger und wahrscheinlich weitere Freunde um sich und hält das, was später als das letzte Abendmahl bekannt werden soll. Dieses Essen hat vermutlich keinen rituellen Hintergrund, wie es später von den Christen interpretiert wurde. Es soll vielmehr eine Demonstration seiner Gelassenheit und seiner Großzügigkeit sein, selbst im Angesicht einer drohenden Verhaftung. Er beschert seinen Anhängern vor den Augen seiner Feinde ein üppiges Mahl, stärkt so ihre Loyalität und baut weiter an seiner eigenen Heldensaga. Dass die Christen später aus diesem Essen ihr zentrales Ritual machen würden, bei dem Wein als Blut von Jesus und Brot als sein Leib gedeutet wurden – eine Darstellung mit durchaus kannibalistischen Zügen – kann Jesus zu diesem Zeitpunkt nicht wissen und ist mutmaßlich auch nicht seine Absicht.

Jesus zitiert einige seiner programmatischen Aussagen, um diese bei den Jüngern zu verfestigen. Mit einem letzten freundschaftlichen Zunicken in Richtung seines Herrn verlässt Judas derweil ohne großes Aufsehen die Gesellschaft, um seinen wichtigsten Auftrag auszuführen. Er soll für Jesus das Gesetz des Handelns in der Hand behalten und selbst den Zeitpunkt der finalen Auseinandersetzung bestimmen.

Judas geht zu den Feinden von Jesus und behauptet, mit dessen Handeln nicht mehr einverstanden zu sein. Um als Verräter glaubhaft zu bleiben, nimmt er dreißig Silbermünzen als Bestechungsgeld (später von den Christen abfällig als »Judaslohn« bezeichnet) an. Er soll eine Gruppe Bewaffneter zu Jesus führen, damit diese ihn verhaften.

Auch nach einem letzten Abendmahl gilt: »Nach dem Essen sollst du ruhn'n oder tausend Schritte tun.« Jesus hat sich längst für Letzteres entschieden und begibt sich, gefolgt von satten und müden Jüngern, in den Garten Gethsemane, wo er mit Judas verabredet ist.

Er betet und wird doch von negativen Emotionen übermannt. Das Neue Testament schildert ihn in tiefster Verzweiflung. Er soll Blut und Wasser geschwitzt haben, was bei Menschen in höchster Todesangst wohl nicht unmöglich ist. Es wird so furchtbar viel von ihm verlangt: Mut, Durchhaltevermögen, ein klarer Kopf und Leidensfähigkeit. Das alles vor dem Hintergrund der Verantwortung für die politische Zukunft seines Volkes und für seine religiöse Mission. Es kommt auf ihn an, ob er morgen als Messias gefeiert oder als Verbrecher totgeschlagen in einem Massengrab verscharrt wird.

Endlich erscheint Judas mit der Mobilen Eingreiftruppe und führt sie zu Jesus. Er identifiziert ihn mit einem Kuss, dem berüchtigten »Verräterkuss«.

Derweil beweist uns Petrus, dass er in den großen Plan nicht eingeweiht ist. Er will Jesus mit gezogenem Schwert verteidigen, was dieser nicht gebrauchen kann und ihn daher rasch beruhigt. Das Evangelium erzählt uns von einem Ohr, das Petrus einem Soldaten abgeschlagen habe und das Jesus flugs wieder anwachsen ließ.

Ich vermag mir allerdings nur schwer vorzustellen, wie man mit einem Kurzschwert präzise ein Ohr abtrennen soll. Da zerschlägt man eher den Schädel oder die Schulter. Die Geschichte wurde wohl eher erfunden, um Jesus auch im Angesicht eines Feindes noch als milden Wunderheiler darzustellen.

Was nun folgt, ist wohl eine der hässlichsten unter allen Geschichten, die mit einem Kuss beginnen.

5. Kapitel:
Kreuzschmerzen – ein Schwamm und eine Pike unter dem Kreuz

Einer Verhaftung folgen in der Regel Verhöre. Das ist auch bei Jesus nicht anders. Er wird vor die höchsten Autoritäten der Macht in Jerusalem geführt, und wie diese sich verhalten, ist sehr interessant.

Trotz seiner mutigen Taten und revolutionären Ideen ist Jesus nicht unantastbar. Die jüdischen Obrigkeiten, insbesondere die Hohepriester und Ältesten, sind über seine Handlungen und Lehren zunehmend beunruhigt. Sie sehen in ihm eine Bedrohung für das etablierte religiöse System und die gesellschaftliche Ordnung. Darüber hinaus befürchten sie, dass sein wachsender Einfluss und seine Popularität unter den Massen zu Unruhen führen und die Aufmerksamkeit der römischen Behörden auf sich ziehen könnten, was katastrophale Folgen für das jüdische Volk haben könnte, und beschließen, Jesus zu verhaften. Er wird vor das Sanhedrin, das höchste jüdische Gericht, gebracht und beschuldigt, Gotteslästerung begangen zu haben, ein schwerwiegendes Vergehen nach jüdischem Recht, da er sich selbst als den Messias und den Sohn Gottes bezeichnet.

Die Kaste der Hohepriester und damit auch das Sanhedrin waren nicht etwa demokratisch gewählt, sondern wurden über Generationen von einem Clan – der Familie Hanan – beherrscht. Die Verhältnisse waren also durchaus mafiös.

Diese enge Einbindung in Dynastien eines Adelsgeschlechtes zwang die Hohepriester und namentlich auch Kaiphas in ein enges Korsett von Regeln. So war ihnen der Kontakt zu »niederen Frauen« untersagt. Maria war eine solche niedere Frau, da sie keinem Adelsgeschlecht angehörte. Ein Kind eines Hanan-Mannes mit ihr wäre in den Augen der Familie ein illegitimer Bastard gewesen. Hier vermute ich einen maßgeblichen Kern unserer Geschichte.

Ich habe eine sehr eigene Sicht zur Motivation der 1968er-Protestgeneration, deren Zeitzeuge ich war. Für mich lag bei vielen jungen Menschen der Auslöser des Aufbegehrens in einem Konflikt mit den autoritären Vätern. Um diese Erregung nicht allzu pubertär erscheinen zu lassen, wurde sie auf die politische Ebene überhöht. Aus den autoritären Vätern wurden unbelehrbare Alt-Nazis, gegen die man zu Felde ziehen musste.

Diese lautstarke Bewegung wurde noch weiter überhöht, indem man sie auf eine ganze Generation projizierte. Vergangenheitsbewältigung sollte alle betreffen. So wurde aus familiärem Zwist – für die Geschichtsbücher – der Kampf der Jugend gegen den Geist der Nazi-Diktatur. Die betroffenen Mütter dürften die Hände über dem Kopf zusammengeschlagen haben.

Hier lässt sich eine Parallele zum Verhalten von Jesus ziehen. Er musste ohne seinen leiblichen Vater, obgleich dieser noch lebte, als Unehelicher aufwachsen. Das mag er als Schmach und als grobe Rücksichtslosigkeit seines Erzeugers empfunden haben. Falls dieser ein angesehener Mann im Staate war, kann das die Aggression gegen ihn befeuert haben bis hin zum massiven Feindbild.

Den Evangelien ist zu entnehmen, dass Jesus den Kaiphas förmlich sucht, was daran liegen kann, dass er ihn für seinen leiblichen Vater hält. Er will ihm gegenüberstehen, ihn konfrontieren als Vater, der seinen Sohn verleugnet. Immerhin erfüllt Kaiphas mit seiner mächtigen Stellung die Voraussetzungen für diese Vermutung.

Die Vaterschaft Kaiphas' ist natürlich eine gewagte Spekulation, die sich nicht durch Fakten belegen lässt. Allerdings erklärt sie das Verhalten der beteiligten Personen besser als manche andere Theorie. So wächst sich ein Familienzwist zu einem politischen Konflikt und einer religiösen Gegnerschaft aus. Ein Komplott mit den Römern verleiht ihr weitere Dynamik, wird zum spektakulären Wendepunkt einer Entwicklung, aus der letztlich eine neue Weltreligion entsteht, die den Lauf der Geschichte tiefgreifend verändert.

Chaostheoretiker werden an dieser Stelle anmerken, solche Dinge könnten tatsächlich geschehen und an das berühmte Beispiel des Schmetterlings erinnern, dessen Flügelschlag auf einem anderen Kontinent zu einem Wirbelsturm führt. Doch Zufälle sind es in unserer Geschichte nicht allein, sondern die Wirkung und der entschlossene Einsatz eines Mannes, der von seiner Mission nicht abzubringen ist.

Doch gehen wir zurück zu den Verhören.

Auffällig ist, dass das Gericht mitten in der Nacht zusammentritt und die halbe Familie Hanan eingebunden ist. Für sie muss Jesus eine außerordentliche Bedeutung haben. Wegen eines beliebigen dahergelaufenen Wanderpredigers hätte man diesen Aufwand niemals betrieben.

Die Verhöre eröffnet der Patriarch des Hanan-Clans. Er leitet dann über zu seinem Schwiegersohn Kaiphas. Auch das sieht nach einer Familiensache aus.

Diese Begegnung mit Kaiphas ist ein zentraler Moment in der Leidensgeschichte Jesu und markiert die fünfte Eskalationsstufe. Die Begegnung zwischen Jesus und Kaiphas, zwei Figuren, die in den Evangelien als Antipoden präsentiert werden, ist sowohl gespannt als auch absurd komisch. Kaiphas, der Hohepriester und eine der einflussreichsten Figuren in Jerusalem, tritt mit einer gewissen Autorität und hochmütig auf. Doch hinter seiner Fassade von Würde und Sicherheit verbirgt sich eine von Unsicherheit und Angst vor dem Unvorhersehbaren getriebene Persönlichkeit.

Auf der anderen Seite haben wir Jesus, den bescheidenen Wanderprediger aus Galiläa, der mit ruhiger Gelassenheit und unerschütterlicher Entschlossenheit auftritt.

Die Dynamik zwischen den beiden ist faszinierend. Obwohl sie sich vermutlich zum ersten Mal begegnen, scheint zwischen ihnen eine seltsame Form der Vertrautheit zu bestehen. Jesus zeigt sich von Kaiphas auf eine Weise angezogen, die über bloße Neugier hinausgeht. In den Evangelien wird berichtet, dass Jesus Kaiphas direkt anspricht und ihn sogar »Vater« nennt.

In einer hitzigen Verhandlung, die mehr einem Verhör gleicht, wird Jesus der Gotteslästerung beschuldigt. Der Höhepunkt dieser Szene ist, als Kaiphas ihn direkt fragt: »Bist du der Messias, der Sohn des lebendigen Gottes?« Jesus antwortet darauf mit den Worten: »Du sagst es.« Diese Aussage wird als direktes Eingeständnis gewertet und führt juristisch zu seiner Verurteilung.

Kaiphas ist beunruhigt und gleichzeitig fasziniert von Jesus und seiner Botschaft, und obwohl er ihn letztlich verurteilt, kann er nicht verhehlen, dass er von ihm beeindruckt ist. Jesus gibt sich nicht der Wut oder dem Hass hin, die ihm entgegengeschleudert werden, sondern begegnet Kaiphas mit Würde und Respekt. Jesus ist überzeugt, dass er trotz der Bedrohungen und Anschuldigungen auf der Seite der Wahrheit steht.

Doch er hat keine Chance und will vielleicht auch gar keine haben. Er steht vor einer Art nächtlichem Feme-Gericht der Familie Hanan. Die Politiker und geistlichen Würdenträger betrachten ihn als Gotteslästerer und Terroristen. Für die Familie ist er ein peinlich aufdringlicher Bastard. Beide müssen verschwinden. Da bleibt nur das Kreuz.

Das Matthäus-Evangelium erzählt uns, Kaiphas habe angesichts der Gotteslästerung von Jesus vor Wut sein Gewand zerrissen. Das ist vermutlich eher metaphorisch zu verstehen. Kaiphas steht unter einer ungeheuren Spannung zwischen seinen Empfindungen als Vater einerseits und andererseits seinen Amtspflichten, der Staatsräson und der Familienehre. Da gibt es für ihn keinen Ausweg. Er muss Jesus ausliefern, auch wenn es ihn innerlich zerreißt. Nichts anderes wird Matthäus uns sagen wollen.

Todesurteile durften seinerzeit allerdings ausschließlich von der römischen Besatzungsmacht verhängt werden. So wird Jesus zu Pontius Pilatus, dem römischen Präfekten von Judäa, gebracht. Hier erlebt Jesus die sechste Eskalationsstufe des Plans.

Pontius ist eine der wenigen Personen in den Evangelien, über die aussagefähige römische Quellen vorliegen. Diese beschreiben ihn als das, was man einen »harten Hund« nennt. Milde kennzeichnet seine Regierungszeit weniger als brutale Härte, wenn er auf Widerstand trifft. Ein Wanderprediger, der ihm als Aufrührer vorgestellt wird, scheint das typische Opfer zu sein, das er bedenkenlos ans Kreuz bringt.

Umso überraschender ist das Geschehen, das uns geschildert wird.

Auch Pontius verhört Jesus und erfährt von ihm, dass er sich als König der Juden versteht. Er agiert zunächst zögerlich, um sich nicht in die religiösen Streitigkeiten der Juden einzumischen, und findet keine Schuld bei Jesus, die eine Verurteilung rechtfertigen würde.

Um eine solche zu vermeiden, greift er zu einer List, die ihm vielleicht der gut informierte Trabelus an die Hand gegeben hat. Er beruft sich auf einen angeblich historischen Brauch, am Pessach-

Fest auf besonderen Wunsch des Volkes einen Todgeweihten frei-
zulassen.

Pontius arrangiert einen öffentlichen Auftritt und präsentiert
dem staunenden Volk zwei Kandidaten für den Gnadenakt: Jesus
und einen Verbrecher namens Barrabas. Zur Überraschung wohl
aller Beteiligten verlangt das Volk lautstark nach Barrabas. Jesus hat
in der Bevölkerung offenbar weniger Rückhalt, als Trabelus und
auch er selbst erwartet haben. So scheitert diese Eskalationsstufe,
weil das jüdische Volk Jesus als Messias ablehnt und »Kreuzige
ihn!« skandiert.

Obwohl Pontius keine Schuld bei Jesus findet und der Plan der
Römer etwas anderes vorsieht, wird er schließlich vom Druck der
Menge und auf ausdrücklichen Wunsch der jüdischen Obrigkeit zu
einer Verurteilung gedrängt.

Da tut Pontius etwas, das überhaupt nicht zu seinem Charakterbild
zu passen scheint: Er wäscht symbolisch seine Hände in Unschuld,
womit er das Volk für das kommende Leid von Jesus verantwort-
lich macht. Diese Handlung ist für einen Präfekten, der sonst eher
als herzloser Schlächter gilt, kaum zu erklären. Vor dem Hintergrund des Planes von Trabelus Schutus aber macht sie Sinn. Sollte
der Plan doch noch gelingen, müsste Pontius in Zukunft mit Jesus
als König und religiösen Führer der Juden im Geiste der bereits
beschriebenen Gewaltenteilung konstruktiv zusammenarbeiten.
Dazu bedarf es einer belastbaren persönlichen Beziehung. Pontius
will sich diese Tür nicht zuschlagen und wählt daher die spektakuläre
Geste der Wäsche in Unschuld.

In den letzten Jahren zeichnet sich in der Literatur der Trend ab, einen
höheren Anteil der Schuld auf die Schultern von Pontius Pilatus zu
legen. Dahinter könnte der Zeitgeist stecken, überall Antisemitismus
zu wittern und diesen bekämpfen zu wollen. Eine Verdrehung
historischer Überlieferungen im Geiste aktueller Opportunitäten

halte ich allerdings für unstatthaft. Die Juden wollten Jesus nicht. Das zeigt sich auch noch an weiteren Stellen.

Mit dem Urteil von Pontius Pilatus ist die Kreuzigung unausweichlich.

Aber war sie nicht ohnehin als siebente Eskalationsstufe Teil des Planes für den Fall, dass das Volk bis dahin Jesus noch nicht als Messias ausgerufen hatte?

Eine Verhaftung und Verhöre reichen offenbar nicht, die Volksseele hochkochen und den Ruf nach dem Messias laut werden zu lassen. Der Impuls muss noch härter sein.

In vielen Mythen und Religionen ist es die Überwindung des Todes, die Menschen gottgleich werden lässt.

In Ägypten zum Beispiel bildete die Vorstellung, den Tod zu besiegen, die Grundlage der Religion. Das war der ultimative Beweis für göttliche Macht. Wer den Tod besiegt, ist den Göttern gleich. Daher der unfassbare Aufwand mit den Grabmälern.

Zu beachten ist auch der Mithras-Kult. Dieser in der römischen Welt verbreitete und beliebte Kult, der einen Gott verehrte, der durch ein Ritual des Tötens und Wiederauferstehens symbolisiert wurde, könnte eine nützliche Blaupause für die Ereignisse der Kreuzigung und Auferstehung Jesu geliefert haben. Die Parallelen sind verblüffend! So könnten die Anhänger von Jesus – bewusst oder unbewusst – Elemente aus dem Mithras-Kult übernommen und in ihre Erzählung eingeflochten haben, um die dramatische Wirkung der Geschichte zu verstärken und die Botschaft der Auferstehung zu untermauern.

Die Evangelien erzählen uns, Jesus sei vor dem Weg zur Kreuzigung schwer gegeißelt worden. Wie so häufig, werden dafür keine Zeugen genannt. Daher dürfte dies eher ein Analogieschluss sein, denn es war üblich, die Verurteilten zu geißeln, um sie schon vor der eigentlichen Hinrichtung zu schwächen. Da die Römer mit Jesus aber noch einiges vorhatten, wäre es sehr kontraproduktiv gewesen, ihn körperlich zu schwächen. Um für die Zuschauer die passende Optik zu bieten, mag man ihn mit (Schafs-)Blut beschmiert haben, damit er das bemitleidenswerte Opfer darstellen konnte.

Diesen Eindruck verstärkt auch die Dornenkrone auf seinem Kopf. Im Geiste der Schonung des künftigen Messias kann man eine solche Krone aber auch so flechten, dass nach außen martialisch wirkende Stacheln zu sehen sind, die man auf der Innenseite jedoch weggeschnitten hat, damit man den Kranz aufsetzen kann wie einen Hut.

So macht sich der Tross auf den Weg zur Kreuzigung.

Pontius Pilatus lässt ein Schild »Jesus von Nazareth, König der Juden« in drei Sprachen (Aramäisch, Latein, Griechisch) voraustragen. In der christlichen Tradition wurde dieser Text verkürzt auf »INRI« – Iesus Nazarenus, Rex Iudaeorum. Dies ist eine direkte Herausforderung und eine Beleidigung für das jüdische Volk, denn es impliziert, dass ihr »König« nur ein verurteilter Verbrecher ist, der am Kreuz stirbt.

Entgegen dem optischen Eindruck dürfte Jesus bei guter Gesundheit gewesen sein. Eigentlich sollte er nun sein Kreuz zur Hinrichtung tragen. Doch er wird auch hier schnell entlastet. Interessanterweise wird ihm der Querbalken des Kreuzes, das traditionelle Symbol für Leiden und Aufopferung, rasch abgenommen und stattdessen von einem Simon von Cyrene getragen, den die Legionäre aus den Zuschauern auswählen. Dies unterstreicht, dass Jesus bewusst geschont wird, was die Theorie einer sorgfältig inszenierten Passion belegt.

Bis zum heutigen Tage sieht man Pilger, die unter größter körperlicher Anstrengung meterhohe massive Holzkreuze durch Jerusalem schleppen, um die Passion ihres Herrn nachvollziehen zu können. Es existiert sogar ein schwunghaftes Geschäft mit dem Verleih solcher Kreuze.

Dabei ist die ganze Mühsal vergebens, denn die Forschung weiß inzwischen, dass in der Realität jener Zeit die vertikalen Balken fest im Boden verankert und wiederverwendbar waren. Häufig waren es Stämme abgestorbener Ölbäume und waren oben so geformt, dass man einen Querbalken mit entsprechender Aussparung problemlos aufsetzen konnte, um ein T-Kreuz zu erhalten. Die Delinquenten wurden häufig an diesen Querbalken fixiert und gleich mit hochgehoben. Die Römer waren Pragmatiker.

Übrigens ist auch der Leidensweg durch die Via Dolorosa, über den die Masse der Pilger sich schiebt, nicht authentisch. Aber das stört nicht weiter, weil die Pilger ja ohnehin in zahlreichen Punkten irren. Die Forschung weiß heute: Der Weg, den Jesus zu gehen hatte, war deutlich kürzer.

Das Neue Testament berichtet ausführlich über Jesu Kreuzweg, beginnend an der römischen Festung und endend auf dem Berg Golgatha. Während dieses scheinbar qualvollen Weges begegnet Jesus Frauen, die um ihn weinen. Die Mehrzahl der Zuschauer aber verspottet und verhöhnt ihn.

Die Zuschauer werden provoziert. Es gibt aufgebrachte Emotionen, doch ein Funke der Rebellion springt nicht über. Die Menschen sind wütend, ja, aber ihre Wut findet keinen Fokus, keinen Funken, der sie hätte entzünden können. Sie bleiben Zuschauer, Zeugen einer Tragödie, sind aber nicht Teilnehmer an einer Revolution. Insgeheim hatte man darauf gehofft, Jesus gar nicht erst ans Kreuz schlagen zu müssen, doch auch dieser Teil des hastig improvisierten Plans misslingt.

Trabelus Schutus beobachtet die Szene aus sicherer Entfernung mit zunehmendem Zweifel, ob der Plan sich hat umsetzen lassen.

Die Geschichte zeigt, dass Revolutionäre, die sich vermeintlich für das Volk opfern, von diesem nicht immer geliebt werden. Radikalismus ist volksfern. Auch die neuere Geschichte ist voll von Radikalen, die vergeblich darauf gewartet haben, dass ihre Taten einen Volkssturm auslösen.

Ich glaube, er leidet...

Auch bei Jesus ist von einem Volkssturm zu seiner Befreiung und Inthronisierung wenig zu sehen.

Die Szene wechselt zum Berg Golgatha, der damals weit ab von Jerusalem lag. Trotz der Bedeutung der Szene sind die Angaben in den Evangelien recht karg. Das beginnt mit den anwesenden Personen. Ein vierköpfiges Kommando römischer Legionäre war Standard. Von den Jüngern ist nichts zu sehen. Man hat ihnen angedroht, sie gleich neben Jesus zu kreuzigen, sollten sie an der Hinrichtungsstätte auftauchen. Zahlreiche Zuschauer stehen auf der Stadtmauer und damit so weit entfernt, dass sie keine Einzelheiten erkennen können.

Zeuginnen direkt vor dem Kreuz sind eigentlich nur Frauen, darunter Jesu Mutter Maria und Maria Magdalena. Es gibt Autoren*innen, die eine mystische Bedeutung daraus ableiten, dass Jesus auf seinem letzten Weg ausschließlich von Frauen begleitet wird. Ich fürchte allerdings, dass der Grund in der geringen Bedeutung lag, die man der Wahrnehmung und den Aussagen von Frauen beimaß, die ja auch bei Gericht nicht als Zeuginnen zugelassen waren.

Anwesend ist noch ein junger Mann, der mit dem merkwürdigen Hinweis bezeichnet wird, er sei der Jünger, den Jesus liebte. Sein Name ist Johannes, und die Literatur hat aus ihm schon sowohl einen leiblichen Sohn von Jesus oder auch jenen Mann gleichen Namens gemacht, der ein Menschenleben später als vierter Evangelist auftrat. Beweisen lässt sich davon nichts. Johannes muss aber sehr jung gewesen sein, denn er wird behandelt wie die Frauen. Seine Gegenwart stört nicht weiter.

Ohne Beschreibung bleibt auch das Kreuz, was zu den bereits erwähnten Fehldeutungen führte. Über Jahrhunderte haben europäische Maler hohe Vollkreuze gemalt, an deren Kopfende das »INRI«-Schild angebracht war. Jesu Kreuz war deutlich tiefer und stand zwischen zwei weiteren, an denen Verbrecher hingerichtet wurden.

Die Soldaten sollen Jesus ans Kreuz mit Händen und Füßen genagelt haben, obwohl es laut mehreren wissenschaftlichen Analysen nicht möglich ist, dass er auf diese Weise am Kreuz befestigt wurde. Man wird ihn wohl angebunden haben, auch wenn ein Knochenfund beweist, dass es durchaus Kreuzigungen mit dem Einsatz von Nägeln (beispielsweise in den Fußknochen) gegeben hat. Ausgerechnet bei dem kommenden Messias werden die Römer aber wohl kaum zum härtesten Mittel gegriffen haben.

Die Hinrichtungen stehen an diesem Tag unter besonderem Zeitdruck. Die Römer beachten den Wunsch der jüdischen Obrigkeit, dass keiner der ihren am Pessach-Fest am Kreuz zur Schau gestellt werden dürfe. Das Fest beginnt am Folgetag. Die drei Verurteilten müssen daher am Tag ihrer Kreuzigung sterben. Um dies zu beschleunigen, haben die Römer ein bewährtes Mittel. Den Todeskandidaten werden mit einer Eisenstange die Schienbeine durchschlagen, sodass sie sich nicht mehr auf den Füßen stehend hochrecken können, um atmen zu können. Die Folge ist ein schneller Erstickungstod, weil im Kreuzhang die übrigen Organe der Lunge den Raum zum Atmen nehmen.

Mit den beiden Nachbarn von Jesus wird dies offenbar so vollzogen. Das Johannes-Evangelium betont jedoch ausdrücklich, Jesus seien die Beine nicht gebrochen worden. Dies ist ein klarer Hinweis darauf, dass das Exekutionskommando nicht den Auftrag hatte, Jesus zu töten, sondern ihn im Gegenteil lebend zu übergeben.

Es ist Gegenstand dieses Buches zu hinterfragen, ob Jesus am Kreuz gestorben ist. Da ist zunächst eine Theorie zu erwähnen, die Verbreitung gefunden hat.

Demnach ist nicht Jesus selbst gekreuzigt worden, sondern ein anderer Mann – möglicherweise jener, der seinen Kreuzbalken getragen hat – am Kreuz gestorben. Mit Blick auf seinen Hang zu

Zaubertricks wäre es unserem Helden vermutlich ein Leichtes gewesen, sich unbemerkt von der Bühne zu stehlen.

Vielen Christen ist sicherlich nicht bewusst, dass in dem Glaubensbuch einer anderen Weltreligion, dem Islam, ein Evangelium verarbeitet ist, das dieser These folgt. Jesus ist im Koran ein bedeutender Prophet, der sogar häufiger namentlich erwähnt wird als Mohammed.

Der hier maßgebliche Vorgang ist im Koran so dargestellt, dass die Juden dem Jesus nach dem Leben trachteten. Römer spielten 700 Jahre nach dem Geschehen in der Literatur keine Rolle mehr. Doch Gott (Allah) habe in seiner Weisheit den Blick der Juden getrübt, sodass sie nur meinten, ihn getötet zu haben. Jesus aber lebte weiter.

Dies ist für Christen noch kein Grund, zum Islam überzutreten, aber ein wichtiger Hinweis, die folgenden Theorien für realistisch zu halten.

Wenn in der Darstellung eines Tatablaufes viele wichtige Aspekte unerwähnt bleiben, besteht umso mehr Anlass, scheinbare Nebensächlichkeiten, die erwähnt werden, genauer unter die Lupe zu nehmen.

Da ist der Stich mit der Lanze, auch Pike genannt.

Einem römischen Soldaten fällt auf, dass Jesus immer weniger Reaktion zeigt. Er durchbohrt die Seite Jesu unter den Rippenbogen mit einer Lanze, um zu prüfen, ob er tot ist. Wasser und Blut fließen aus der Wunde.

Generationen von Kommentatoren haben sich kontrovers an der Frage abgearbeitet, ob dies ein Zeichen für Leben oder für Tod war.

Heutige Unfallchirurgen sind sich der schwierigen und oftmals komplexen Verletzungen des Rippen- und Lungenraums sehr bewusst. Diese Art von Verletzungen wie die unnatürliche Haltung am Kreuz können zu einer Ansammlung von Flüssigkeit führen, die sich in der Pleurahöhle bildet und das umliegende Gewebe zusammendrückt. Als Ergebnis wird der Lungenflügel komprimiert, was zu einer schweren Beeinträchtigung der Atmung führt. Der Körper erhält zu wenig Sauerstoff und wird schleichend durch Kohlendioxid vergiftet. Diese Beeinträchtigung kann eine Ohnmacht auslösen und schlimmstenfalls sogar zum Tod führen.

Diese Zustandsform der tiefen Ohnmacht, die durch eine sehr flache Atmung gekennzeichnet ist, kann für den ungeschulten Beobachter wie der Tod selbst wirken.

Ich bin Professor Johannes Fried, seines Zeichens eigentlich Experte für das Mittelalter und emeritierter Hochschulprofessor, sehr dankbar, dass er diese Analyse in akribischer Arbeit zusammengetragen hat und sich nicht gescheut hat, diese auch zu publizieren, obwohl ihm das sicher nicht wenig Kritik seiner fantasielosen Kollegen eingebracht hat.[2]

Der Titel seines Buches »Kein Tod auf Golgatha« deutet bereits auf das Ergebnis seiner Untersuchung hin. Die folgende Zusammenfassung basiert auf diesem Buch von Johannes Fried, der die medizinischen Fakten in einen spannenden Zusammenhang gebracht und entlang seiner Profession gedeutet hat.

Die Punktation der Pleurahöhle ist eine Notfallbehandlung, die bereits in der Antike durchgeführt wurde, wenn der Lungenflügel durch die Flüssigkeitsansammlung zusammengedrückt wurde.

Bei einer Verletzung der Pleurahöhle kommt es zu einer CO_2-Vergiftung, weil nicht mehr genügend CO_2 ausgeatmet werden kann.[3]

Es liegt nahe, dass die Ereignisse, die Johannes uns in seinem Evangelium erzählt, genau das beschreiben – einen durch CO_2 betäubten und wie tot wirkenden Jesus, der einen Stich in den Lungenflügel erhält, damit die Flüssigkeit abfließen kann[4].

---

[2] *Fried, Johannes (2021). Kein Tod auf Golgatha. Auf der Suche nach dem überlebenden Jesus. München: dtv.*

[3] *Ebenda, 34–41.*

[4] *Ebenda, 97–98.*

Johannes Fried ist sich sicher: Es gab keinen Tod am Kreuz und folglich auch keine Auferstehung. Jesus starb nicht, die Thoraxpunktion mit der Pike rettete ihm das Leben, auch wenn der ausführende römische Soldat sich dessen nicht bewusst gewesen sein mag. Die bei diesem Kommando eingesetzten Soldaten waren sicherlich keine Tölpel, sondern sich der Doppelbödigkeit ihres Auftrages bewusst. Dennoch kann man allzu viel medizinisches Knowhow nicht voraussetzen.

Es gibt noch ein zweites, wie ich meine noch aussagefähigeres Argument, am Kreuztod von Jesus zu zweifeln.

Rund drei bis vier Stunden, vermutlich sogar weniger, hängt Jesus am Kreuz. Die Verzweiflung überkommt ihn, so zumindest möchte uns die Überlieferung glauben machen. Er richtet seinen Ruf gen Himmel, ruft nach Gott und seinem Vater und fragt ihn, warum er ihn verlassen habe, ein Ausruf, der an Dramatik kaum zu überbieten ist. Allerdings stellt sich die Frage, ob er seinen himmlischen Vater anrief, wie die Christen glauben, oder ob er seinem irdischen Vater einen Vorwurf macht.

Jesus wird durstig, und ein römischer Soldat reicht ihm einen mit Essig getränkten Schwamm, eine Verhöhnung des sterbenden und leidenden Jesus und Ausdruck der absoluten Bösartigkeit, einem Sterbenden seinen letzten Wunsch zu verwehren. Bis heute erfüllt uns diese Vorstellung mit Abscheu und starkem Mitleid.

Aber war es so, oder wird die Szene fehlgedeutet? Ich halte den Ruf nach einem Getränk für ein verabredetes Signal, dass Jesus mit seiner Kraft am Ende ist und die Darbietung beenden möchte.

Der Hauptmann der Römer nimmt einen bereitliegenden Ast, auf den ein Schwamm gespießt ist. Diesen taucht er in ein gleichfalls bereitstehendes Gefäß mit Essig und schiebt ihn Jesus in den Mund. Dieser beißt zu und fällt kurz darauf in tiefe Bewusstlosigkeit.

Die Narkotisierung von Menschen ist seit Alters her ein zentrales Problem der Humanmedizin. Wer in dem Film »Ben Hur« (die Charlton Heston-Version) miterlebt hat, wie dem bei dem Wagenrennen schwer verletzten Massalah bei vollem Bewusstsein die Beine abgesägt werden, weiß, was ich meine.

Erst zu Beginn der Neuzeit konnte dieses Problem befriedigend gelöst werden. Bis dahin hatte man durch die Antike und das Mittelalter hindurch diverse Praktiken ausprobiert, die – wenn sie überhaupt Wirkung zeigten – entweder hochgefährlich oder hinsichtlich der Zutaten schwer zu beschaffen waren.

Bei meinen Recherchen dazu stieß ich auf die Alraune.

Sie ist eine giftige Heil- und Ritualpflanze, die seit der Antike als Zaubermittel gilt, vor allem wegen ihrer Wurzel, die der menschlichen Gestalt ähneln kann. Schon im 5. Jahrhundert vor Christus wurde über das schmerzlindernde und narkotisch wirkende Mittel geschrieben, Ärzte sollten davon Gebrauch machen, wenn sie »brennen oder schneiden« wollten. In einer um 1.500 n.Chr. gedruckten Schrift heißt es »das sy nicht fülen das man in abschneidet ein gelid von dem leybe«.

Die Wirkung der Alraune beruht auf Alkaloiden, die im parasympathischen System die Signalübertragung hemmen. Heute wird sie nur noch in der Alternativmedizin eingesetzt.

In der Antike und dem Mittelalter wurde der Gebrauch eines »Schlafschwamms« empfohlen. Hierzu wurde eine Lösung angesetzt, die vor allem den Saft aus der Wurzelrinde der Alraune und Opium enthielt, sowie diverse ergänzende Substanzen (wie Bilsenkraut, Schierling, Gift-Lattich, Maulbeersaft). In dieses Gebräu wurde ein Schwamm getaucht, damit er sich vollsog. Diesen hängte man zum Trocknen auf, um den Vorgang später mehrfach zu wiederholen. So wurde der Schwamm mit den Inhaltsstoffen imprägniert. Dass die römische Armee in Galiläa Wundärzte hatte, die diese Technik kannten, ist plausibel.

Vor dem Gebrauch wurde der Schwamm dann befeuchtet – idealerweise in Essig – damit die Inhaltsstoffe sich lösten. Essig hilft, die alkaloidhaltigen Verbindungen in der Alraune in ihre wasserlösliche Form zu überführen, wodurch die Wirkstoffe effizienter vom Körper aufgenommen werden können.

Dann hielt man den Schwamm dem Patienten unter die Nase oder verabreichte den Sud oral.

»Es ist vollbracht«, soll Jesus in diesem Moment gesagt haben.

Fällt Ihnen etwas auf? Die Empfehlungen in alten Medizin-Lexika entsprechen unübersehbar dem geschilderten Geschehen unter dem Kreuz.

Der Gebrauch der Lanze mag noch eine glückliche Fügung gewesen sein. Der Einsatz des Narkotikums muss vorbereitet und abgesprochen gewesen sein. Er war Teil des Plans.

Religionsgeschichtlich finde ich es schockierend, dass das Neue Testament in schöner Offenheit bei der Schilderung der Kreuzigung jene Faktoren (Lanze und Schwamm) herausstellt, die für das Überleben von Jesus maßgeblich waren, ohne dass die glaubenswütigen Leser verstanden, was der Text bedeutet. Dazu hätten sie ihren Denkapparat einschalten müssen, was für den wahren Gläubigen eine Zumutung ist.

Das Wunder von Golgatha ist kein religiöses, sondern ein medizinisches.

Wer nach diesen Ausführungen noch immer meint, Jesus sei am Kreuz gestorben (herz- und hirntot), will es wohl nicht anders und mag mit diesem Glauben selig werden. Alle anderen mögen mir folgen, um zu sehen, wie jemand von den Toten aufersteht, der gar nicht tot ist.

Nun tritt ein Mann, Joseph von Arimathia, auf den Plan, von dem in den Evangelien bisher keine Rede war. Er ist offenbar ein heimlicher Bewunderer von Jesus und in dessen Plan eingeweiht. Er muss aber auch zur Führungsschicht in Jerusalem gehört haben, denn er wird ohne Weiteres zu Pontius Pilatus vorgelassen, um die Freigabe des Leichnams von Jesus zu erbitten. Laut apokryphen Schriften zeigt sich der Römer überrascht, dass Jesus am Kreuz nur drei Stunden durchgehalten hat. Dennoch gibt er den (vermeintlichen) Leichnam frei.

Jesus wird vom Kreuz genommen und zu einem Grab gebracht, in ein sauberes Leinentuch gewickelt und in das neue Grab gelegt, das in einen Felsen gehauen worden ist und Joseph von Arimathia gehört. Eine Kombination von Myrrhe und Aloe bietet eine wirksame Behandlung, die dazu beiträgt, das Risiko von Infektionen zu minimieren und die Heilung zu beschleunigen. Eine schwere Steinplatte wird vor den Eingang des Grabes gerollt, und römische Soldaten werden abgestellt, um das Grab zu bewachen.

Bemerkenswert ist, dass es in Judäa üblich war, sich an seinem Geburtsort beerdigen zu lassen. Arimathia liegt aber in einiger Entfernung von Jerusalem. Wieso Joseph am »falschen« Ort ein Grab auf Vorrat besaß, erklären die Evangelien nicht. Das lässt den Mann dubios erscheinen.

In allen vier Evangelien wird betont, dass Jesus vor dem Sabbat begraben wurde, was bedeutet, dass die Bestattung schnell stattfand, entsprechend den jüdischen Gesetzen, die verlangen, dass ein Leichnam vor Sonnenuntergang begraben werden muss.

Das Lukas-Evangelium erzählt abweichend, das Grab habe in einem Garten gelegen, wo man ihn in der Erde hätte bestatten können. Das ist laut jüdischen Begräbnisvorschriften zwar nicht zwingend vorgesehen, doch tatsächlich legen noch heute viele Juden Wert darauf, in Jerusalem beerdigt zu werden, weil sie daran glauben, dass die Toten in Jerusalem am Jüngsten Tage als Erste erweckt werden und die Erde Jerusalems Sünden ungeschehen macht.

Wieso sollte also ausgerechnet Jesus darauf verzichten, in dieser Erde bestattet zu werden?

Vielleicht lag das an praktischen Überlegungen, denn aus einer Liegeposition unter der Erde ist schlecht aufstehen. Zum anderen besitzt die Höhle als Ort in der Mythologie eine symbolträchtige Bedeutung. Häufig wird sie als Ort der Wandlung, Läuterung und Wiedergeburt interpretiert, ein dunkler, verborgener Raum, der an die Gebärmutter erinnert. In der Dunkelheit der Gruft, die tief in den soliden Fels gehauen wurde, herrschte eine ständige Kühle. Diese kühlen Temperaturen hätten Fieber und Infektionen abgewehrt, die normalerweise mit Wunden und Verletzungen einhergehen, und so zur Genesung Jesu beigetragen.

So lag Jesus also abgeschottet in der kühlen Höhle. Sein Herz schlug, und die Atmung war flach, aber stetig.

6. Kapitel:
Ein guter Abgang ziert die Übung – oder eben auch nicht

Die Erwartungen des jüdischen Volkes an den herbeigesehnten Messias waren hoch und steigerten sich gerade in schweren Zeiten extrem, denn der Messias sollte ja die Probleme des Volkes lösen. Er sollte die Fremdherrschaft verjagen mitsamt dem von ihr eingesetzten König. Er sollte auch die reine Lehre der Religion zur Geltung bringen und alle aus dem Tempel jagen, die diese verfälschten. Dann sollte er sich selbst die Krone aufsetzen und die Zeit des Himmelreiches einleiten.

Der Messias war also eine hochstilisierte Idealfigur unter enormem Erwartungsdruck. Dem in den Augen des Volkes zu entsprechen, war eine gigantische Herausforderung, der bis dato niemand hatte gerecht werden können – auch Jesus nicht. Nebenbei bemerkt, ist es bis heute niemandem gelungen. Die Überwindung des Todes sollte der Impuls sein, der das Ansehen von Jesus derart hoch katapultierte, dass er dem hohen Anspruch entsprechen konnte, Messias zu sein.

Entsprechend hoch muss der Anspruch an die Wirkung der achten Eskalationsstufe gewesen sein. Jetzt galt es, beim Volk letzte Zweifel hinwegzufegen. Hoffnung auf Erlösung musste aufkommen und eine Euphorie, die nicht weniger bewirkt als einen Umsturz der religiösen und politischen Verhältnisse in Judäa. Vielleicht war ursprünglich ein großes Ereignis geplant – eine Art antiker Superbowl-Halbzeitauftritt. Jesus stürmt den Palast des Herodes (möglicherweise mit Unterstützung verkleideter Römer), umgeben von Blitz und Donner, während die Massen jubeln und in Ekstase ausbrechen.

Wir können heute leider nicht mehr rekonstruieren, was Trabelus Schutus als neutraler, rational denkender Manipulator, und was Jesus selbst als direkt Betroffener für den Triumph der Überwindung des Todes durch Auferstehung geplant hatten.

Wir können nur eines sicher sagen: der Plan ist eklatant gescheitert.

Die Ursache dafür liegt völlig im Dunkeln. Da mag es mehrfaches persönliches Versagen gegeben haben, gepaart mit Fehleinschätzungen psychologischer Art. Eine punktuelle technische Fehlfunktion hätte für ein solches Desaster nicht ausgereicht.

Wenn Sie Christ sind, ist Ihnen schon einmal aufgefallen, dass selbst die Bibel keinen einzigen Zeugen für die Auferstehung benennt? Ein solch epochales Ereignis hätte ein großes und glaubwürdiges Auditorium verdient. Jesus in seiner neuen Rolle als Messias hätte es dringend gebraucht.

Stattdessen sind sich die Berichterstatter nicht einmal in der Wortwahl einig, ob Jesus von selbst erwacht ist oder ob ihn jemand (ein Engel?) aufgeweckt hat.

In Ermangelung konkreter, belastbarer Zeugenaussagen müssen, auf der Grundlage der Überzeugung, Jesus sei tot gewesen, theoretische Rückschlüsse auf Grundlage von Ersatzbeobachtungen herhalten, das Grab sei leer gewesen und Jesus in den Folgetagen lebend gesehen worden. Vor einem modernen Gericht würde man sagen, das sind Indizien und Hörensagen – kein Beweis.

Die meistzitierten Aussagen stammen von einer Gruppe Frauen, die am dritten Tag nach der Kreuzigung am Grab von Jesus auftauchen, um den Leichnam zu salben. Sicher ist: Sie finden nicht vor, was sie erwartet haben. Dagegen gehen die überlieferten Beobachtungen stark auseinander.

Das Matthäus-Evangelium berichtet uns, dass ein Erdbeben den Stein vor Jesu Grab wegrollt und ein Engel des Herrn sich darauf

niederlässt. Ein ziemlich beeindruckendes Szenario. Währenddessen erzählen Markus und Lukas von Frauen, die das leere Grab finden und von Engeln (hier in der Mehrzahl) erfahren, dass Jesus auferstanden ist. Offenbar konnten sich die Engel nicht entscheiden, ob sie auf Steinen sitzen oder in leuchtenden Kleidern herumschweben wollten.

Auch hier sehe ich in der Erwähnung von Engeln einen Versuch der Verschleierung seitens der Evangelisten. Entweder ist es Ausdruck ihrer Verlegenheit, weil sie absolut keine Informationen darüber hatten, was geschehen war. Oder das tatsächliche Geschehen passt nicht in die Schilderung einer großartigen Auferstehung. Vielleicht wachte Jesus in der Finsternis seiner Grabeshöhle ungeplant früh und orientierungslos auf und rief um Hilfe, bis Männer, die zufällig vorbeikamen, den Stein wegrollten. Der Anblick eines total verwirrten, in Panik geratenen Mannes im Nachthemd hätte wenig Göttliches gehabt.

Von der römischen Grabwache ist übrigens nichts zu sehen. Die Soldaten hätten eigentlich zumindest ihren Vorgesetzten berichten müssen, was sie erschreckt und vertrieben hat. Doch die römische Geschichtsschreibung schweigt. Es gab wohl gar keine Berichte.

Johannes hingegen hat eine andere, besonders theatralische Geschichte zu erzählen. In dieser Version ist Maria Magdalena diejenige, die das leere Grab entdeckt und in Panik gerät. Sie will auf dem Friedhof Jesus begegnet sein, ihn aber nicht gleich erkannt haben (als engste Jüngerin!), da er als Gärtner verkleidet war. Ob Jesus tatsächlich noch im Umfeld des Grabes herumgeschlichen ist, um Mummenschanz zu betreiben, ist religiös fragwürdig. Nachdem Jesus sich offenbart hat, scheint Maria überglücklich zu sein und will ihn umarmen, aber Jesus blockt sie ab. Mit Männern, die voll in Aktion und vollgepumpt mit Adrenalin sind, kann man nicht schmusen. Der Bericht von Maria Magdalena könnte allerdings die erste in einer langen Tradition von Kriminalgeschichten sein, in denen der Gärtner der Täter ist.

Letztlich ist die Reaktion der salbungswilligen Frauen völlig chaotisch. Sie rennen schreiend auseinander und jede trägt ein anderes Bild in die Welt.

Jedenfalls ist Maria Magdalena zu der ohnehin völlig verunsicherten Gruppe der Jünger gelaufen, um von der Auferstehung zu erzählen. Ihr Status in der Gruppe wird dadurch illustriert, dass man ihr nicht glaubt. Niemand hat solches erwartet, was sowohl gegen die religiöse Festigkeit durch Jesu Wirken und erst recht die Einweihung in einen Plan spricht. Immerhin geht zumindest Petrus zu dem Grab, um sich selbst zu überzeugen.

So bleibt die schwerwiegende Erkenntnis: Das Ereignis des Jahrtausends hat keine Zuschauer!

Berichte finden wir lediglich von ein paar Frauen – die natürlich damals als Zeuginnen ohnehin nicht zugelassen waren. Sie agieren wie ein Haufen aufgescheuchter Hühner, jede hat etwas anderes gesehen: eine unterschiedliche Anzahl von Menschen, aber auch Engel. Und dann ist da noch Maria Magdalena. Verrät sie den Plan vorzeitig und trägt dadurch die (Mit)Schuld am Scheitern des Messias-Komplotts?

Diese Frage eröffnet eine interessante Perspektive auf die Ereignisse und bietet einen Einblick in die Gesellschaftsstrukturen der Antike, hier konkret in Judäa. Ist es möglich, dass das unerwartete Auftauchen von salbungswütigen und geschwätzigen Frauen zum Scheitern des finalen Plans und in der Folge zu einer Frauenfeindlichkeit in der Kirche führte? In der damaligen Gesellschaft, sowohl der jüdischen als auch der römischen, spielten Frauen in der Regel eine untergeordnete Rolle. Sie wurden oft als unzuverlässige Zeugen betrachtet, und ihre Aussagen wurden in Gerichtsverfahren nicht berücksichtigt. Die Bibel berichtet, dass es Frauen waren, die zuerst von der Auferstehung Jesu erfuhren und die Nachricht verbreiteten. Dieser Umstand könnte von den männlichen Autoren

der Evangelien als peinlich und unerwünscht empfunden worden
sein und so das Bild der Frau in der kirchlichen Tradition nachhaltig
geprägt haben. Liegt hier einer der möglichen Ursprünge für die
doch hartnäckige Misogynie der Bibelautoren und ihrer späteren
Interpreten? Die Angst vor den Frauen führte immerhin zu einer
anhaltenden Lustfeindlichkeit, mit deren Folgen wir bis heute zu
kämpfen haben. Kirchenvater Augustinus leitete diese vor vielen
hundert Jahren auf abenteuerliche Weise her, die Kurzform besagt:
Die Nähe zum Weiblichen bedeutet Ferne zu Gott.

Kehren wir zurück zum Garten Gethsemane und dem wieder er-
wachten Jesus, der nun improvisieren muss, was nach einer Nahtod-
Erfahrung, wie er sie hinter sich hat, alles andere als leicht ist. Ganz
sicher war er noch nicht wieder auf der Höhe seiner geistigen und
körperlichen Kraft.

Das spektakuläre Ereignis der Auferstehung an sich war verpufft.
Wie konnte Jesus es wenigstens notdürftig nachvollziehbar machen?

Er geht auf eine Art Auferstehungs-Tournee! Zuerst zeigt er sich
den elf verbliebenen Jüngern. Bei diesem Treffen lässt er sie seine
Wunden berühren und beweist damit, dass er kein Geist ist.

Ferner berichtet der Evangelist Johannes, dass Jesus sich den
Jüngern auch am See von Tiberias zeigt, wo sie fischen. Eine weitere
Sichtung erfolgt auf dem Weg nach Emmaus. Hier treffen zwei
Jünger auf einen mysteriösen Fremden, der mit ihnen Brot bricht.
Erst als er verschwindet, erkennen sie ihn als Jesus.

Dieses späte Erkennen wirft Fragen auf. In seiner Situation war
Jesus darauf angewiesen, erkannt zu werden. Das spricht gegen ein
Versteckspiel. Oder hatten ihn seine Erlebnisse äußerlich verändert?
War er perfekt verkleidet, um nicht von Römern oder Leuten des
Tempels erkannt zu werden?

Jahre später berichtet Paulus in seinem ersten Brief an die Korinther,
dass sich Jesus auch mehr als fünfhundert Brüdern gleichzeitig gezeigt

hat, was diese alle bezeugen könnten. Leider hat er versäumt zu sagen, bei welcher Gelegenheit das gewesen sein soll. Keine andere Quelle berichtet von diesem Auftritt. So entstand er wohl eher aus Wunschdenken.

Die Bibel berichtet von sechs Sichtungen von den Anhängern Jesu in kürzester Zeit. Er muss versuchen, die Logik zu etablieren

Kreuztod + Sichtungen danach = Auferstehung

Nach diesem Marathon an Auftritten ist Jesus vermutlich am Ende seiner Kräfte. Der Mann, der gerade dem Tod von der Schippe gesprungen ist, muss sich eingestehen, dass er sich übernommen hat. Wie ein Showstar nach einer Welttournee zieht er sich in den Backstage-Bereich zurück, um sich zu erholen. Es ist Zeit für eine Auszeit.

Dabei weiß er, dass ihm nicht viel Zeit bleibt, bis die Römer möglicherweise doch noch ernst machen mit ihm und seiner Hinrichtung, nun, wo er als Messias versagt hat. Er ist wieder zur meistgesuchten Person in ganz Judäa geworden. Sowohl die Tempelaristokratie als auch die Römer sind vermutlich nicht begeistert, dass der Mann, den sie gerade erst gekreuzigt haben, nun munter durch die Gegend läuft und seine eigene Auferstehung verkündet. Jesus muss also vorsichtig sein, sich verstecken, inkognito leben und darf kein Aufsehen erregen. Keine öffentlichen Auftritte mehr, keine Wunder, keine Predigten, keine Fisch-und-Brot-Abendessen. Er muss unauffällig bleiben.

Interessant finde ich an dieser Stelle einen archäologischen Fund aus neuerer Zeit. Es handelt sich um eine Steinplatte aus der historischen Friedhofsmauer in Jerusalem. Deren Text besagt, laut einer Verfügung von Pontius Pilatus werde jeder bestraft, der vom Friedhof einen Leichnam entwendet. Das kann als direkte Reaktion auf das Verschwinden des Leichnams von Jesus und als Bestreben der Römer verstanden werden, damit nicht in Zusammenhang gebracht zu werden.

Für unseren fiktiven Strippenzieher ist die Entwicklung der Ereignisse eine niederschmetternde Enttäuschung. Trabelus Schutus, der bisher im Hintergrund die Fäden gezogen hat, muss am Rande der Verzweiflung gewesen sein. Mit dem Scheitern seines Planes läuft seine Zeit in der Provinz Galiläa aus. Jetzt muss er zurück nach Rom fahren und dem Kaiser und dem Senat erklären, wie sein genialer Plan zerbrochen ist wie eine Tonvase. Natürlich liegt der Grund für den Misserfolg nicht bei ihm, sondern allein bei dem eigenwilligen Volk in Judäa, dem Friedfertigkeit und Kooperationsbereitschaft völlig abgehen. Es muss niedergeknüppelt werden, das ist die einzige Sprache, die es versteht. 37 Jahre später, nach vielen weiteren Aufständen und Unruhen, folgte die römische Armee schließlich diesem Rat.

Vielleicht erkannten erfahrene Politiker in Rom damals die Tragweite dieser gescheiterten Zusammenarbeit mit einem potenziell friedfertigen Messias. Wäre der Plan aufgegangen, wäre eine Befriedung von Galiläa denkbar gewesen. Der Gewaltexzess um 70 n.Chr. wäre vermieden worden. Zahlreiche Juden wären nicht in die Diaspora getrieben worden.

Wie wir heute wissen, wäre das Christentum gar nicht erst entstanden, das römische Reich nie christianisiert worden und Europa hätte seine Entwicklung auf einer völlig anderen geistigen Grundlage nehmen können.

Der Kirchenkalender gibt Aufschluss über die weitere Entwicklung. Rund sechs Wochen nach der Auferstehung nämlich erkennt Jesus, dass sein Rückzug aus der Öffentlichkeit von Dauer sein muss. Er verlässt offiziell sein irdisches Dasein und lebt fortan in der geistigen Welt. Dazu benötigt er die Hilfe seiner Jünger, die bezeugen müssen, dass ihr Herr in den Himmel entschwebt ist. Dort braucht ihn keine weltliche Macht mehr zu suchen.

Christi Himmelfahrt ist ein zentraler Aspekt der christlichen Lehre geworden. Jesus soll in den Himmel aufgestiegen sein, um sich wieder mit Gott, seinem Vater, zu vereinen. Dieses Ereignis symbolisiert die Vollendung der irdischen Mission von Jesus. Es postuliert seine göttliche Natur und seine endgültige Akzeptanz im Himmel. Es ist eine spirituelle Reise, ein Beginn seiner ewigen Herrschaft als König und Herr der Schöpfung, so berichtet es uns die christliche Überlieferung.

Faktisch: Jesus musste verschwinden. Mit einem auferstandenen Jesus, der NICHT zum König Judäas gewählt wurde, konnte niemand etwas anfangen, das wusste wohl auch Jesus, weshalb er sich vorrangig auf seine Jünger konzentrierte. Die Himmelfahrt war ein Ausweichmanöver.

Die Jünger konnten so das plötzliche Verschwinden ihres Meisters auf elegante Weise erklären.

Diese Ausrede hatte eine doppelte Wirkung. Erstens, sie sorgte dafür, dass Jesus auf Erden nicht mehr gesucht wurde. Denn wer würde ernsthaft einen Mann suchen, der angeblich in den Himmel aufgefahren ist? Zweitens, sie stärkte das religiöse Bild von Jesus als Gottessohn. Was könnte göttlicher sein, als nach dem Tod direkt in den Himmel aufzusteigen?

In dieser Phase der Zurückgezogenheit vollzieht sich die eigentliche Wiederauferstehung des Nazareners.

Andere, die erlebt hätten, was er erlebt hat, wären beleidigt und verbittert in die innere Emigration gegangen. Sie hätten ihre Enttäuschung in sich hineingefressen und Magengeschwüre gezüchtet.

Von Napoleon Bonaparte heißt es, er habe in seinem zweiten Exil keine Ruhe gefunden, sondern ohne Unterlass und bis zu seinem Tode nach den Gründen seines Scheiterns in Waterloo geforscht.

Da ist Jesus aus anderem Holz geschnitzt. Hier zeigt sich die wahre Größe dieses Mannes.

Warum eigentlich hatte er die Kreuzigung angestrebt?

- Er wollte den Messias-Plan gemeinsam mit Trabelus Schutus absprachegerecht zu Ende bringen und Messias werden. Dieser Plan ist gescheitert.

- Er suchte die Konfrontation mit Kaiphas und seinem Familien-Clan. Es mag ihn situativ befriedigt haben, dem Mann, der vielleicht sein Vater war, Auge in Auge gegenüber zu stehen und bis zum Äußersten zu provozieren. Aber was hat ihm das gebracht außer einem kurzen Gefühl des Triumphes?

- Er könnte von revolutionärer Raserei getrieben gewesen sein, die zumindest kurzzeitig den Verstand ausschaltet. Das wäre irrational gewesen und wenig zielführend.

- Er könnte das Opfer der Kreuzigung als ultimative Heldentat empfunden haben, die ihn aus der Masse der Gläubigen heraushebt. Solche Empfindungen könnten auch heutige Selbstmord-Attentäter haben, wenn sie ihr Leben wegwerfen. Wobei Jesus nicht einmal die Hoffnung auf 72 Jungfrauen bewegt haben kann.

- Die Gewissheit einer Spitzenposition im Reiche Gottes, falls er sich seiner Stellung als Gottes Sohn nicht sicher war, diese aber als verlockend empfand. Aber die Himmelfahrt war nur eine Show.

Doch was hat ihm das alles gebracht außer Stress, Erniedrigung und Schmerzen? Ein Leben als Gejagter, der sich verstecken muss.

Armselig im Vergleich mit einem himmlischen oder zumindest irdischen Thron.

Doch er verliert nicht den Glauben an seine Mission und die eigene Stärke. Es ist mehr als ein plattes »Man darf stürzen, aber man muss auch wieder aufstehen«. Er drängt seine fraglos brodelnde Gefühlswelt zurück und analysiert rational seine Situation. Er rechnet mit erfolglosen Strategien ab und entwirft eine neue Perspektive. Deren praktische Umsetzung wird sich schon bald zeigen.

Pfingsten ist ein bedeutsames Fest im christlichen Kirchenkalender und wird oft als Geburtstag der Kirche bezeichnet. Es markiert ein Ereignis, das fünfzig Tage nach Ostern stattfindet und insbesondere in der Apostelgeschichte dokumentiert wird.

Jesus wagt es – sicherlich geschickt verkleidet -, durch Jerusalem zu einem verabredeten Treffen mit den Jüngern zu gehen. Er hat die Auszeit genutzt, um seine körperliche Fitness, vor allem aber seine innere Verfassung auf ein leistungsfähiges Niveau zu heben.

Was auch immer tatsächlich am Kreuz und später in der Höhle geschah, muss ihn tief bewegt haben. Heute gibt es zahlreiche Untersuchungen zu den Verhaltens- und Wesensveränderungen von Menschen, die dem Tod so nahe kamen wie Jesus. Eine solche Erfahrung verändert den Blick auf sich selbst und auf die Welt. Viele Menschen, die Nahtoderfahrungen gemacht haben, berichten von einem grundlegend verändertem Bewusstsein und verändertem Verhalten.

Ich denke, die jüngsten Erfahrungen haben Jesus radikaler gemacht. Er muss seine eigene Linie finden und diese konsequent durchziehen, ohne sich von Nebengeräuschen und anderer Leute Empfindlichkeiten aufhalten zu lassen. Er hat sich auf diesen Tag bestmöglich vorbereitet und tritt ihn in Bestform an.

Nach der Begegnung mit Jesus sprechen seine Jünger von Flammen und Böen, die sie erfasst hätten. Ich habe genug Rhetorik-Trainings erlebt, um zu wissen, dass ein begeisternder Rhetoriker solche Wirkungen erzielen kann.

Jesus muss eine der besten Motivationsreden in der Geschichte der Rhetorik gehalten haben. Sie macht aus einem Häuflein verzagter Mitläufer ein Expeditionskorps des Glaubens, das in Euphorie und Siegesgewissheit die Welt erobern will. Sie alle werden ungeachtet ihrer individuellen intellektuellen und sprachlichen Fähigkeiten auf Menschen zugehen, um von ihren Erlebnissen und der Lehre Jesu zu berichten. Sie werden Überzeugungstäter der geistlichen Erneuerung. Wer soll sie aufhalten, wenn doch der Herr mit ihnen ist? Als Jünger eines Mannes, der den Tod überwunden hat, brauchen sie nichts zu fürchten.

Die Christen bezeichnen diesen Vorgang als Pfingstwunder, weil sie sich wundern, dass ein Mensch einen solchen Überzeugungseffekt erzielen kann.

Jetzt, da Jesus nicht mehr physisch bei ihnen sein würde, hatten die Jünger eine gewaltige Aufgabe vor sich. Sie sollten in alle Welt ziehen und die Botschaft Jesu verbreiten.

Dieser Ansatz war revolutionär, aber auch riskant. Stellen Sie sich vor, Sie hätten ein Produkt entwickelt und würden Ihr Marketingteam auffordern, jeder solle es individuell auf seine eigene Weise bewerben, ohne eine einheitliche Markenbotschaft. Jeder Jünger ging hinaus und erzählte seine eigene Version der Geschichte. Einige waren vielleicht dramatischer, andere philosophischer. Und manche könnten sogar ein bisschen übertrieben haben. Aber das war im Sinne der Sache, denn das Wichtigste war, dass die Menschen über Jesus sprachen.

Doch mit der Zeit führte dieser Ansatz zu Problemen. Die Lehren des Christentums begannen zu diffundieren. Es gab Streitigkeiten und Uneinigkeiten über die genaue Interpretation der Worte und Taten Jesu. Und so begannen die ersten Spaltungen und Abspaltungen von der Lehre, was im späteren Verlauf zu gehörigen Problemen führen sollte.

Für Jesus bedeutet diese Pfingstaktion einen völligen Paradigmenwechsel. Als Wanderprediger hatte er sich in den Dienst der alten Religion gestellt, die er auf ihren wahren Kern zurückführen und die Gläubigen durch Liebe zum Himmelreich führen wollte. Doch nun gründet er seine eigene neue Bewegung. Da wird keine Thora gelesen, im Sinne unseres Alten Testaments. Jesus will eine Weiterentwicklung, eine Transformation, einen Schmetterling aus der Raupe. Er will sein eigenes Neues Testament.

Pfingsten ist der Startschuss zur Begründung einer neuen Religion. Sie wird die Welt verändern.

Der Rückzug von Jesus aus der Öffentlichkeit führte in der Folge immer wieder zu sogar wissenschaftlich fundierten Spekulationen, dass Jesus eben nicht am Kreuz gestorben ist, sondern stattdessen in Ägypten oder Indien weiterlebte. Ein prominenter Vertreter dieser Theorie ist der russische Journalist und Autor Nicolas Notovitch. In seinem Buch »Das unbekannte Leben Jesu«, veröffentlicht im Jahr 1894, behauptet Notovitch, Jesus habe seine »verlorenen Jahre« im Himalaya verbracht, wo er buddhistische und hinduistische Lehren studiert habe.[5] Ähnliche Behauptungen stellten Friedrich Zimmermann[6] und der Theosoph und Okkultist Olcott auf, der in seinem 1881 veröffentlichten Werk »Der buddhistische Katechismus« schrieb, dass Jesus nach seiner Kreuzigung nach Indien gegangen sei, wo er bis zu seinem natürlichen Tod lebte.[7] Im 20. Jahrhundert nahm die BBC-Journalistin und Autorin Kersten Holger diese Theorie in ihrem Buch »Jesus lebte in Indien« von 1983 wieder auf

---

[5] vgl. Notovitch, N. (1894). La vie inconnue de Jésus-Christ. (Das unbekannte Leben Jesu). Paris.

[6] vgl. Zimmerman, F. (1888). Buddhistischer Katechismus. Braunschweig.

[7] Olcott, H. (1887). Der buddhistische Katechismus. Übers.: Dr. Erich Bischoff. Leipzig.

und erweiterte sie um die Behauptung, Jesus liege in Srinagar, einer Stadt in Kaschmir, begraben.[8]

Auch Johannes Fried, den ich in den vorangegangenen Kapiteln bereits zitiert habe, geht von einem Weiterleben Jesu entweder in Ägypten oder Indien aus, auch wenn die eindeutigen Beweise dafür fehlen.

Was den Rückzugsraum betrifft, aus dem heraus Jesus an der ideologischen Grundlage seiner neuen Religion, an deren Verschriftlichung, an deren Verbreitung und an seiner eigenen Legende arbeitete, habe ich meine eigene begründete Theorie. Dafür steht das kommende Kapitel.

---

[8] Holger, K. (1998). Jesus lebte in Indien. Sein geheimes Leben vor und nach der Kreuzigung. Ullstein-Verlag, Berlin.

7. Kapitel:
Wer schreibt, der bleibt

Kennen Sie Markion?

Viele Christen werden diese Frage wohl mit »nein« beantworten. Dabei war Markion eine der prominentesten und kontroversesten Figuren der frühen Christenheit.

Markion war der Sohn eines Bischofs und stammte aus einer wohlhabenden Schifffahrtsfamilie. Geboren wurde er im späten ersten Jahrhundert, genauer 85 n. Chr. in Sinope, einer Hafenstadt an der südlichen Schwarzmeerküste. Damit konnte er sowohl aus zeitlichen wie auch aus geographischen Gründen nicht Zeuge des Wirkens von Jesus gewesen sein. Ich erlaube mir allerdings schon hier den Hinweis, dass diese Gegend ein ausgezeichneter Vorschlag als Rückzugsort für Jesus gewesen wäre.

Markion war religiös hoch interessiert, vielleicht sogar übermotiviert, und begab sich um 140 n. Chr. auf den Weg nach Rom. Dort kaufte er sich mit einem beträchtlichen Vermögen in die christliche Gemeinde ein, um in der Folge dort eigene theologische Ansichten zu entwickeln, die sich deutlich von den bestehenden christlichen Lehren unterschieden.

Er sah eine fundamentale Spannung zwischen dem Gott des Alten Testaments und dem des Neuen Testaments. Für Markion war der Gott des Alten Testaments der Schöpfer einer unvollkommenen Welt, ein Gott der Gerechtigkeit, der Gesetze und des Zorns, während der Gott des Neuen Testaments sich erstmals mit dem Erscheinen von Jesus zeigte und ein Gott der Liebe und der Vergebung war. Das erschien ihm unvereinbar. Jesus, den er verehrte, sah Markion nicht als natürlich geborenen Menschen aus Fleisch und Blut, sondern als religiös reines Geisteswesen. Dennoch hielt er an der Kreuzigung fest, sah aber für eine Auferstehung keinen Anlass.

Auch dies weist darauf hin, dass Markion dem Jesus niemals persönlich begegnet sein kann, sondern sein Bild aus Überlieferungen herleitete.

Markion kann auch als Vorläufer mancher anderer Geisteshaltung gelten. So griff er heutigen Ernährungs-Ideologien vor, indem er und seine Anhänger Geflügel und rotes Fleisch ablehnten. Als »heilige Nahrung« galt dagegen Fisch, was der Gruppe den Namen Pescetarier einbrachte.

Auch das Zölibat propagierte er. Allerdings nicht nur für geweihte Berufs-Christen, sondern für alle Gläubigen, die getauft werden wollten. Wer bereits verheiratet war, sollte dann eben keusch leben. Diese Aufforderung wird unter den Betroffenen zweifelsfrei mit Begeisterung aufgenommen worden sein.

Verdienste hat Markion mit der Aufforderung erworben, die neue christliche Lehre in einer Glaubensschrift zusammenzufassen. Dieser konstruktive Vorschlag wurde allerdings erst Jahre später unter dem Kaiser Konstantin umgesetzt.

Zur Mitte des zweiten Jahrhunderts hatte die christliche Gemeinde genug von den Extravaganzen des Markion, seinen fantastischen Einfällen und seiner Tendenz zur Spaltung. Man gab ihm seine Einlage zurück (Ausdruck der Tatsache, dass die Vorläufer der Kirche damals noch Moral hatten) und empfahl ihm eine Rückkehr dorthin, woher er gekommen war. Seine Lehren und Anhänger waren für die folgende Zeit noch von Bedeutung in den Randbereichen des Reiches, wurden dann aber von der christlichen Hauptströmung verdrängt.

Die Erwähnung der wichtigsten Leistung Markions habe ich mir allerdings bis hierher aufgespart: Als er in der christlichen Gemeinde Roms auftrat, legte er ein komplettes Evangelium auf den Tisch!

Dies wohlgemerkt zu einer Zeit, als die uns bekannten synoptischen Evangelisten noch ihre Schriften ordneten und händeringend nach aussagefähigen Quellen suchten.

Dabei äußerte Markion sich nie über die Herkunft seiner Schriften. Er legte außer dem Evangelium noch ein knappes Dutzend Briefe des Paulus vor, die er gesammelt hatte. Er selbst kommt aus den genannten Gründen (Lebensalter und -raum) als Verfasser nicht infrage. Solches behauptete er auch nie, sondern ließ die Urheberschaft im Dunkeln. Das lässt natürlich Raum für Spekulationen, wovon ich reichlich Gebrauch machen möchte.

Wunder über Wunder, Verzückung, Macht und Staunen ist, dass man gar nichts über das Evangelium sagen, noch über dasselbe denken, noch es mit irgendetwas vergleichen kann.
Markion (um 85 bis um 160)

Die damalige Quellenlage kann man sich kaum chaotisch genug vorstellen. Das war ja nicht wie bei einem physikalischen Experiment, wo geladene Teilchen alle regelkonform und zielgenau einem Pol zustreben. Ganz im Gegenteil. Schriften tauchten auf, andere verschwanden wieder. Zuverlässige Angaben über die Urheberschaft waren die Ausnahme. Jeder wusste etwas, aber nicht woher. Das Leben Jesu stellte sich dar wie ein Berg von Seiten, die man aus verschiedenen Comics herausgerissen und dann wild gemischt hatte. Da wirkte ein fertiges Evangelium im wörtlichen Sinne wie eine Offenbarung.

Seit vielen Jahren wird über das Ausmaß diskutiert, aber es ist wohl davon auszugehen, dass die uns bekannten Evangelisten sich ausgiebig aus den Schriften des Markion bedient haben. Anders gesagt: Sie haben begeistert abgeschrieben wie durchschnittliche Schüler beim Klassenprimus.

Wissenschaftler sprechen von einer »Markion-Priorität«, das heißt, dieses Werk ist die Primärquelle aller nachfolgenden kanonischen Evangelien. Und ausgerechnet bei dieser Quelle der Quellen liegt die Urheberschaft vollkommen im Dunkeln. Aber muss sie dort bleiben?

Der Verfasser (sorry, zu jener Zeit wird es wohl ein Mann gewesen sein) muss über lange Zeit und aus großer Nähe das Leben Jesu verfolgt haben. Er muss von dessen Tun widerspruchslos überzeugt gewesen sein. Er muss über die sprachlichen und intellektuellen Mittel verfügt haben, das Beobachtete zu ordnen und gut verständlich wiederzugeben. Und er muss das Interesse und die Gelegenheit gehabt haben, sein Wissen der Welt mitzuteilen.

Da gibt es nicht viele – eigentlich nur einen.

Das letzte Kapitel schloss mit der Suche nach dem mutmaßlichen Rückzugsraum für den wiederauferstandenen Jesus. Ich schlage die Südliche Schwarzmeerküste vor. Dort, wo Forscher die frühgeschichtliche Vorlage des Paradiesgartens verorten, war ein idealer Ruheplatz für einen Rekonvaleszenten.

Jerusalem, der Tempel und seine Aristokratie mit ihren Konflikten waren weit weg. Die Römer kannten Jesus hier nicht und waren unaufgeregt. Christenverfolgungen hatten diesen schönen Flecken noch nicht erreicht.

Dafür gab es frühe tiefgläubige Christen, die Jesus verehrten und ihm alle Bequemlichkeiten bieten konnten. Bei der wohlhabenden Familie des Markion dürfte Jesus wohlgelitten gewesen sein und jede Unterstützung gefunden haben, die er brauchte. Da konnte er die Vergangenheit wieder aufleben lassen, sich an seine Auftritte erinnern und manche davon etwas schöner erscheinen lassen. Leichte Ausschmückungen betonen die künstlerische Note.

Der Patriarch der Familie Markion mag das entstandene Schriftgut zunächst gehütet haben wie einen Schatz, bis sein theologisch und auch sonst ehrgeiziger Sohn den Entschluss fasste, eine Abenteuerreise in die Metropole des Reiches zu wagen, um dort einen triumphalen Auftritt zu zelebrieren. Das kann sogar einem Auftrag von Jesus entsprochen haben, der sicherlich nicht für die Wissenschaftler künftiger Generationen geschrieben hatte. Die Aufmerksamkeit für den Auftritt wurde Markion zuteil, auch wenn der Abgang aus Rom am Ende weniger ruhmreich war. Seinen Beitrag zur Entstehung eines Neuen Testamentes hatte er dennoch geleistet.

Bezüglich der Quellenlage der Evangelisten ist noch ein weiteres Phänomen zu erwähnen. Schon lange ist Wissenschaftlern bewusst, dass die Evangelisten abgeschrieben haben. Allerdings nicht linear untereinander. Es muss eine weitere Quelle zur Verfügung gestanden haben, die vor allem Zitate von Jesus enthielt und den Evangelisten zugänglich war. Man nannte diese »Quelle Q«.

Wenn wir akzeptieren, dass Originaltexte von Jesus als realistisch angenommen werden können, gibt es keinen Grund, diese Hypothese nicht auf die Quelle Q auszuweiten. Der Zitatgeber weiß selbst am besten, was er gesagt hat (oder sagen wollte).

Übrigens verschwanden beide Quellen sehr bald wieder, was darin begründet sein kann, dass Christen ausschließen wollten, dass neugierige Schriftsachverständige den Ursprung der Texte erkannten. Schließlich war Jesus nach dem Glauben der Christen in den Himmel aufgefahren und stand damit auf Erden als Verfasser von Schriften nicht mehr zur Verfügung.

Wenn die These richtig ist, dass große Teile der kanonischen Evangelien auf Texten von Jesus basieren, ist es an der Bibelwissenschaft, sich neu auszurichten. Elementar wichtig wäre es herauszufinden, wo die Urquelle durchscheint und welche Textteile von den Evangelisten verändert oder hinzugefügt wurden.

Beiträge der Evangelisten sind dahin zu untersuchen, welche Geisteshaltung, welche Interessen oder welche anderen Quellen dahinterstecken. Wollte man die Bilder von Jesus erläutern, etwa um sie verständlicher zu machen? Oder war ein Evangelist gar mit dem, was er vorfand, nicht einverstanden und veränderte die Botschaft? Haben die politischen und religiösen Bewegungen der ersten beiden Jahrhunderte Blickwinkel und Wertungen verändert? Immerhin muss den Evangelisten der Krieg um 70 n. Chr., der Augenblick vor Augen gestanden haben, in dem der Tempel in Jerusalem, der auch für Jesus im Mittelpunkt seiner Glaubenswelt gestanden hatte, zerstört wurde. War das erwartete Himmelreich damit in weite Ferne gerückt?

Noch interessanter sind natürlich originäre Textbeiträge von Jesus selbst, soweit man diese herausfiltern kann. Sie haben den Charakter einer Autobiographie. An sie sind also die gleichen Maßstäbe anzulegen und Fragen zu stellen wie bei den zahlreichen Autobiographien, die wir auch aus neuerer Zeit kennen.

Uns ist aus vielen Bereichen die bedeutsame Unterscheidung zwischen Selbstbild und Fremdbild bekannt. Um dies zu veranschaulichen, können Sie im beruflichen Umfeld einem Menschen (Geschlecht, Alter und Bildung sind völlig nebensächlich) den Auftrag erteilen, sich selbst einzuschätzen und eine Selbstbeurteilung zu schreiben. Wenn Sie diese dann mit der Beurteilung eines Vorgesetzten oder von Kollegen – also Fremdbilder – vergleichen, werden die Abweichungen augenscheinlich. Das Einzige, was man von einem Selbstbild absolut nicht erwarten darf, ist Objektivität.

Was aber zu erwarten ist, verrät uns das Wunschbild eines Menschen, das die Eigenwahrnehmung massiv überlagern kann.

Bezogen auf die Selbstdarstellung von Jesus ergeben sich entsprechende Fragen, die umso wichtiger sind, weil zahlreiche Menschen ihr Weltbild aus den Evangelien ableiten.

Als was wollte Jesus sich sehen? Als Gottessohn, Messias, Retter der Armen, Heiler der Leidenden, Verführer der Massen, geistiger Führer, Provokateur, Ankläger oder als Till Eulenspiegel der Antike?

Gab er fremde Leistungen als seine eigenen aus, z. B. Wunder oder Taten heldenhaften Mutes?

Warum wollte er partout nichts über seine Jugend sagen?

Was ließ er lieber weg, weil es sein Ansehen beschädigt hätte?

Inwieweit setzte er bewusst seine Fantasie ein, um die Realität zu überhöhen?

Menschen, die gern an Wunder glauben und ihr Heil in der Mystik suchen, können durch derartige Überlegungen vielleicht wieder Boden unter ihre Füße bekommen.

Wenn ein Markion behauptete, Jesus sei gar kein wirklicher Mensch gewesen, tat er dies, weil er wusste, dass das Evangelium, das er vorlegte, zu großen Teilen auf Fantasie beruhte?

Der Trost jener Menschen, für welche die Bergpredigt große Bedeutung hat, liegt darin, dass, was auch immer Jesus seinerzeit auf seinem Hügel am See Genezareth tatsächlich sagte, die wohlüberdachte schriftliche Form, die er in der Ruhe formulierte, gewiss die besten Worte enthält, die er finden konnte.

Wenn es die Absicht von Jesus von Nazareth war, etwas Gutes für die Menschen zu bewirken – und das ist ausnahmsweise etwas, woran man wirklich mal glauben kann -, dann werden in seinen Schriften die zitierten Wahrheiten, die Übertreibungen und auch die ersonnenen Geschichten diesem Ziel dienen.

Stellen Sie sich das südliche Schwarzmeergebiet vor mit üppigen Landschaften und friedlichen Küsten. Darin die Villa einer reichen Familie mit einem großzügigen Garten, in dem ein Mann sitzt im Alter von Mitte 30. Er hat es sich bequem gemacht, lässt seinen Blick über das weite ruhige Meer gleiten und schreibt das auf, was sein Leben bis dahin ausgemacht hat.

Mit diesem Bild könnte heute ein Reiseveranstalter für eine Urlaubs-region werben. Doch es hat nichts Billiges oder Profanes. Es ist auch kein Schlussbild, denn der Mann darin weiß: Wenn die Men-schen nicht zum Messias kommen, dann kommt der Messias eben zu den Menschen.

Jesus hat noch viel vor. Vielleicht nicht unter seinem alten Namen. Aber die Welt wird ihn schon irgendwann verstehen.

8. Kapitel:
Der Auferstandene fühlt sich wie ein neuer Mensch

Wo immer Jesus sich nach seinem Rückzug aus der Öffentlichkeit aufhielt, erreichten ihn Nachrichten, die ihn erbost haben müssen.

Die erste »Kirche«, wenn man sie so nennen möchte, war nichts weiter als eine Gruppe von Menschen, die sich in Häusern trafen. Sie nannten sich die »Weg-Gemeinde« und hatten nicht einmal einen eigenen Namen für ihre Glaubensgemeinschaft. Es war das Pfingsterlebnis, das sie dazu bewegte, die Botschaft Jesu in viele Teile der damals bekannten Welt zu tragen. Eine der Hauptattraktionen des Christentums war seine inklusive Botschaft. Es richtete sich an alle Menschen, unabhängig von Rasse, Geschlecht oder sozialem Status.

Die Ausbreitung des Christentums war jedoch kein leichter Weg. Christen wurden gleichermaßen von Juden wie von Römern verfolgt. Eines der bekanntesten Opfer war Stephanus, der um das Jahr 36 n. Chr. als erster christlicher Märtyrer in die Geschichte einging. Seine heldenhafte Entscheidung, das Evangelium öffentlich zu verkünden, führte dazu, dass er öffentlich gesteinigt wurde. Eine wahrlich tragische Geschichte, die den Beginn einer langen und intensiven Periode der Christenverfolgung markierte – und das über drei Jahrhunderte lang!

Die jüdische Gemeinschaft in Jerusalem war bekannt für ihre Verfolgung der Christen. Doch dies blieb nicht auf Jerusalem beschränkt. Orte wie Antiochien, Lystra und Ikonium wurden ebenfalls Schauplätze von Verfolgungen. Die genauen Zahlen der Verfolgungen sind schwierig zu ermitteln. Es fehlen uns schlicht die Daten. Allerdings ist das Märtyrertum der Urchristen zu einem der wichtigsten Entstehungsmythen der Kirche geworden, sodass wir auch diesem Narrativ mit einer gewissen gesunden Zurückhaltung begegnen sollten.

Andere Motive müssen die Römer gehabt haben. Vorstellbar ist, dass die Römer tatsächlich ein Problem damit hatten, dass die Christen einen einzigen Gott anbeteten anstatt der gesamten römischen Götterwelt.

Wir dürfen allerdings nicht vergessen, dass die Römer als religiös tolerant galten. Nicht ohne Grund steht im Zentrum von Rom ein Tempel für alle Götter (Pantheon). Die Grenzen der römischen Toleranz lagen dort, wo das Fundament ihres Staates angegriffen wurde – und das war die absolute Führungsrolle des Kaisers.

Die Christen brachten mit ihrer radikalen Weltanschauung das römische Wertesystem gehörig durcheinander. Statt Macht, Reichtum und militärische Siege zu glorifizieren, betonten sie plötzlich Nächstenliebe, Demut und den Wert eines jeden einzelnen Menschen. Für die Römer muss dies beinahe wie eine völlig andere Sprache geklungen haben.

Trennend waren auch das Misstrauen und die Angst vor dem Unbekannten. Die Christen versammelten sich häufig im Geheimen, was zwangsläufig zu allerlei Gerüchten und Missverständnissen führte. Es wurden Geschichten erzählt, dass die Christen sittenwidrige Riten und Praktiken ausübten.

In der christlichen Überlieferung erscheinen die frühen Christen ausschließlich als edle Menschen, die nur Gutes wollten und keiner

Fliege etwas zuleide taten. Das könnte Elemente der Verfälschung durch das über Jahrhunderte andauernde Deutungsmonopol der Kirche enthalten.

Was mich misstrauisch macht, ist die Tatsache, dass die Römer die frühen Christen wie Terroristen verfolgten. Offenbar schätzten sie diese als solche ein. Das kann nicht allein durch deren nerviges Gerede von der Nächstenliebe ausgelöst worden sein.

Eine herausragende Gestalt der jüdischen Christenverfolgung ist Saulus von Tarsus. Geboren um das Jahr 5 n. Chr. und aufgewachsen in einer jüdischen Familie in der heutigen Türkei ist er ein eifriger Verfolger der Christen, ein Pharisäer par excellence, der es bis zum römischen Bürger schafft. Und das ist keine Kleinigkeit! Er ist es, der die Zustimmung zur Steinigung von Stephanus gegeben hat.

Er sorgt mit Eifer dafür, dass die Mitgliederzahlen dieser neuen religiösen Sekte sinken, geht von Haus zu Haus und zerrt Männer und Frauen hervor, um sie ins Gefängnis zu bringen. Die Bibel stellt uns Saulus als eine Art SS-Mann oder Scharia-Wächter vor. Einen üblen Burschen, der ohne Gnade alle Menschen steinigen lässt, die an Jesus glauben.

Jesus und Saulus sind sich bis dahin nie persönlich begegnet. Wollte man eine persönliche Beziehung zwischen ihnen konstruieren, wäre diese von Hass geprägt.

Über den weiteren Weg des Saulus erzählt uns die Bibel eine (Apostel-) Geschichte, wie sie merkwürdiger und bizarrer nicht sein könnte.

Saulus erhält vom Hohen Rat in Jerusalem den Auftrag, seine Verfolgungen auf die Gemeinde in Damaskus auszudehnen. Es gibt Autoren, die meinen, es müsse wohl Qumran das Ziel gewesen sein, das man damals auch »Damaskus in der Wüste« nannte, da ein Gesandter aus Galiläa in Syrien keine Befugnisse gehabt hätte.[9]

---

[9] *Pinchas Lapide (1993). Paulus zwischen Damaskus und Qumran. Fehldeutungen und Übersetzungsfehler. Gütersloh: Gütersloher Verlagshaus.*

INRI

Diese Unterscheidung ist für unsere Betrachtung allerdings nicht wesentlich.

Sein Weg zu diesem Einsatz führt ihn auch durch wüstenartige Gebiete. Und dort geschieht das Unglaubliche. Ihm erscheint in einem blendenden Licht sein Feindbild Jesus, der zu diesem Zeitpunkt bereits in den Himmel aufgestiegen ist, und konfrontiert ihn mit seinen Handlungen. Saulus hört eine Stimme, die ihn fragt: »Saulus, Saulus, warum verfolgst du mich?«, und als der fragt, wer spricht, antwortet die Stimme: »Ich bin Jesus, den du verfolgst.«

Schockiert stürzt Saulus zu Boden. Dann kommt der Heilige Geist über ihn und wirkt ein Wunder.

Das Ergebnis ist nichts Geringeres als eine vollständige Transformation von Saulus, der seine bisherigen Überzeugungen ablegt und sich zum Anhänger Jesu erklärt.

Dies ist jedoch nicht irgendeine banale Abkehr von Glaubenssätzen. Es ist eine radikale, umfassende Änderung, die nicht nur Saulus' Glauben, sondern sein ganzes Bewusstsein verändert. Der ehemals fanatische Verfolger der Christen wird zu einem ebenso fanatischen Verfechter der neuen Lehre. Aus moderner Perspektive könnte man argumentieren, dass Saulus das Opfer einer schweren posttraumatischen Belastungsstörung geworden sein muss, die ihn weitgehend handlungsunfähig gemacht hätte.

Es ist kein Geheimnis, dass in vielen autokratischen Systemen und namentlich bei den Großmächten intensive Forschungen dazu betrieben werden, Menschen in ähnlicher Weise umzuprogrammieren. Was könnte man an Geheimpolizei, Fake-Informationen, Gulags und anderen Foltereinrichtungen einsparen, stünde eine solche Technik zur Verfügung. Trotz aller Bemühungen gibt es jedoch keine bekannte Methode, kein Instrument und kein Medikament, das auch nur annähernd eine Wirkung wie die auf Saulus hätte.

Sein Bewusstsein wird nicht nur in der Grundthematik verändert, sondern es werden auch gegenpolare Extreme ausgetauscht. Dies ist ein Akt der Gewalt, der jedes Maß sprengen würde, das ein Mensch ertragen könnte. Nach dieser Prozedur hätte von Saulus' Gehirn nur Matsch übrig bleiben können, praktisch Bio-Müll.

Saulus behauptet später, dass ihm in dieser Begegnung mit Jesus sogar noch ein komplettes Evangelium übermittelt worden sei. Das erfordert einen gigantischen Datenaustausch von Jesus zu Saulus, der in unserer Zeit wahrscheinlich den Einsatz von Glasfaserkabeln erfordert hätte. Das Geschehen spielt sich jedoch vor 2.000 Jahren auf einer staubigen Piste zwischen Jerusalem und Damaskus ab.

Diese Darstellung ist für alle Leser eine noch größere Zumutung, als es jede verstörende Wahrheit sein könnte, da sie den menschlichen Verstand beleidigt.

Was hier in der Apostelgeschichte geschildert wird, gibt es nicht auf dieser Welt. Es ist blühender Unfug.

Mystizismus ist so etwas wie der Kleber, der die wundersamen Geschichten der Bibel zusammenhält, das unsichtbare Gewürz, das den geistigen Braten der Gläubigen würzt, der sonst vielleicht ein wenig zu fade schmecken würde. Er ist das geheime Versteck, in das sich die Autoren der Bibel flüchten, wenn sie vor unbequemen Tatsachen, unerklärlichen Rätseln oder einfach nur vor dem bedrückenden Gewicht der Realität kapitulieren.

Im Grunde genommen ist der Mystizismus der Superheldenumhang der Kirche, der uns glauben lässt, dass ein Mann über Wasser laufen, ein anderer Tote nach Tagen wieder zum Leben erwecken und wieder ein anderer in einer Wüste vierzig Tage lang ohne Nahrung überleben kann. Er ist das sprichwörtliche Kaninchen, das aus dem Hut gezogen wird, das die Gläubigen zum Staunen und die Skeptiker zum Kopfschütteln bringt.

Wunder sind der Zucker im Tee der Gläubigen, das Salz in der Suppe der Skeptiker und der Pfeffer in den Augen der Rationalisten. Sie sind wie Explosionen im Actionfilm, die Liebesszenen in der Romanze und die Schockmomente im Horrorthriller. Ohne Wunder wäre die Bibel nur ein langweiliges, ödes und ziemlich trockenes Märchenbuch.

Es ist ein bisschen so, als ob die Autoren der Bibel da gesessen und gedacht hätten: »Wir könnten den Gläubigen die Wahrheit erzählen … Aber was macht das mit ihnen? Stattdessen könnten wir einen Helden erschaffen, der von einem riesigen Fisch verschluckt wird. Oder einen, der mit einem brennenden Dornbusch spricht? Oder, noch appetitlicher: Wie wäre es mit einem, der Wasser in Wein verwandelt?«

Und so wurde die Wundertüte der Bibel geboren, mit Geschichten, die so fantasievoll und spektakulär sind, dass sie nicht nur die Gläubigen zum Staunen bringen, sondern auch die Skeptiker zum Schmunzeln und die Rationalisten zum Nachdenken, ob nicht doch ein Hauch von Wahrheit in diesen wundersamen Geschichten stecken könnte.

Das ähnelt großen Nationalepen wie der englischen Geschichte von König Artus und seiner Runde edler Ritter oder der deutschen Nibelungensage. Auch Märchen wie jene der Gebrüder Grimm sind davon nicht weit entfernt.

Doch am Ende des Tages, wenn das Licht ausgeht und der Vorhang fällt, bleibt die Frage: Was ist Wahrheit und was ist Fiktion? Was verträgt die Realität, was bleibt Illusion? Und vor allem: Welche Rolle spielt all das in unserem Leben, unserer Welt und unserem Universum?

Mystizismus und Wunder sind so tief in der DNA der Kirche und der Bibel eingebettet, dass es unmöglich ist, sie ohne eine Erwähnung dieser Elemente zu erörtern. Die Genesis des Mystizismus kann bis zur Entstehung der ersten biblischen Texte zurückverfolgt werden, in eine Zeit, als der Mensch versuchte, die unerklärlichen Phänomene der Natur und des Kosmos zu verstehen. Das Alte Testament ist durchtränkt von Wundern und mystischen Ereignissen, die die Autorität Gottes und die Legitimität seiner Propheten untermauern. Ob es nun die Teilung des Roten Meeres durch Moses im 13. oder 14. Jahrhundert v. Chr. ist oder der Sturz der Mauern von Jericho durch ein einfaches Blasen in Hörner – das Alte Testament lässt keinen Zweifel an der Präsenz des Übernatürlichen.

Übrigens sind die beiden letztgenannten Ereignisse inzwischen von der Archäologie und der Geschichtsforschung weitgehend entzaubert. Wer immer von Ägyptern am Roten Meer verfolgt wurde, konnte sich durch ein Schilfmeer retten, das Streitwagen nicht durchließ. Und Jericho hat niemals eine Stadtmauer gehabt.

Mit dem Neuen Testament erfuhr der Mystizismus eine bedeutende Transformation. Jesus von Nazareth stellte eine neue Art von Wundern vor, die auf Heilung und Befreiung ausgerichtet waren. Er heilte Kranke, erweckte Tote zum Leben und schuf Lebensmittel. Diese Wunder dienten dazu, die Botschaft der Liebe und des Mitgefühls zu vermitteln, die im Herzen seiner Lehre stand. Wer sich die aktuellen Nachrichten anschaut, sieht, dass diese Wunder an den Brennpunkten der Weltpolitik auch heute noch dringendst gebraucht würden. Doch das Auftreten von Mystik orientiert sich nicht zeitnah an Bedarfssituationen.

Um die Dinge in unsere Welt zu projizieren: Geschichten der Bibel ähneln einem »Harry Potter« des Altertums – voll von Zaubersprüchen (Gebeten), Zauberstäben (Kreuzen) und sogar Zaubertränken (der Eucharistie). Aber bevor wir uns zu sehr amüsieren, sollten wir daran denken, dass diese mystischen Elemente in einer Zeit vor dem Aufblühen der Wissenschaft und gegenüber wundergläubigen Menschen tief verwurzelte metaphysische Konzepte darstellten, die dazu dienten, die Natur des Göttlichen und unsere Beziehung zu ihm zu verstehen.

So wie Harry Potter ohne Magie nur ein gewöhnlicher Junge mit einer Brille wäre, so wäre auch die Bibel ohne den Mystizismus und die Wunder nur eine Sammlung von ausgeschmückten Überlieferungen und Lebensweisheiten. Der Glaube an und die Hoffnung auf Wunder bieten einen Weg, das Unbegreifliche zu begreifen und das Unerklärliche zu erklären. Wunder sind leuchtende Beispiele für die erhoffte direkte Intervention Gottes in der Welt. Sie sind Zeichen von Gottes Macht und Liebe, manifestiert in außergewöhnlichen Taten, die über das hinausgehen, was in den natürlichen Gesetzen möglich ist.

Auch im 21. Jahrhundert, einer Zeit, in der Medien und Wissenschaft nachprüfbare Informationen zugänglich machen, beobachten wir Gläubige, die an Wundern festhalten und dabei an Kinder erinnern, die eifrig nach dem Monster unter ihrem Bett suchen, überzeugt davon, dass es dort ist, weil sie es sich einfach nicht anders vorstellen können. Sie lehnen rationale Erklärungen ab und bestehen auf übernatürlichen Interpretationen. Spröde Wissenschaft und Vernunft bedienen eben nicht immer Urängste und streicheln nicht die Seele.

Alles, was sich nicht mit dem Verstand erklären lässt, einfach auf die Ebene der Wunder zu verschieben, macht es jedoch nach heutigem Verständnis ein wenig zu einfach. Das mag im magischen Denken der Antike eine Heimat haben, in der Gegenwart wirkt es anachronistisch und darf als solches kritisiert werden. Außerhalb der Sphäre der Religion nämlich gilt der Glaube an Wunder als Anzeichen eines erkrankten Geistes und führt zur Verabreichung starker Psychopharmaka. Und das zu Recht.

Wenn uns die Apostelgeschichte einen solchen mystischen Wust in der Wüste hinterlassen hat, gilt es, nach dem wahrscheinlichen Geschehen zu forschen, das der Evangelist Lukas uns nicht zumuten wollte und deshalb aufwendig verfremdete.

Hierfür müssen wir zurückgehen zu der Situation von Jesus nach der Himmelfahrt. Damit war er dem irdischen Treiben zwar formal entzogen, aber er wollte keineswegs tatsächlich als Prophet einer besseren Welt untätig bleiben. Da half es auch nicht, dauerhaft in der Diaspora die Abgeschiedenheit zu genießen. Wie sagen die Seeleute: »Ein Schiff muss hinaus auf die See!« Dieses Empfinden hatte Jesus auch.

Erlauben Sie mir einen kleinen Exkurs: Sie alle haben gewiss schon Abenteuer-Geschichten gelesen oder gesehen, in denen ein Mensch noch enorm dringliche Aufgaben zu erledigen hat (z. B. einen Schatz heben, Rache nehmen, ein Geheimnis lüften, die Prinzessin retten), aber nicht kann, weil er gesucht wird und untergetaucht bleiben muss. Was sagt Ihre Krimi-Erfahrung – was braucht dieser Mensch dringend?

Richtig: eine NEUE IDENTITÄT!

So ging es Jesus auch.

Da erfährt er, dass sein Lieblings-Feind Saulus von Tarsus eine Dienstreise nach Damaskus (oder Qumran) plant, um der christlichen Bewegung weiteren Schaden zuzufügen. Mit diesem Christenhasser hat er mehr als ein Hühnchen zu rupfen – und zwar nicht als Opfertier. Zudem ist Saulus römischer Staatsbürger und genießt daher uneingeschränkte Bewegungsfreiheit im ganzen Reich – eine zusätzliche Verlockung für Jesus.

Der Plan reift und geht in die Umsetzung. Auch Jesus macht sich auf den Weg, aber um Saulus aufzulauern.

In der glaubensgetriebenen Version erscheint Jesus dem Saulus auf seinem Weg in einem grellen Licht. Das mag insofern stimmen, als die klassische Taktik besagt, dass man den, dem man auflauert, aus der Sonne heraus angreifen sollte, um ihm die Einschätzung der Lage zu erschweren.

Saulus stürzt vom Pferd (oder wird er gestürzt?). Die oben zitierten Worte mögen sogar gefallen sein. Was dann mutmaßlich geschieht, möchte ich hier nicht ausformulieren – das halte ich wie die Evangelisten.

Zwei Fakten aber sind unbestritten:

1) Den Christenverfolger Saulus bekommt niemand mehr zu Gesicht.
2) Nur ein Mann verlässt lebend den Ort des Geschehens, nennt sich von dort ab Paulus und stellt sein weiteres Leben in den Dienst der Verbreitung des Christentums.

Dieser Moment der Transformation leitet ein neues Kapitel in der Verbreitung des Christentums ein. Paulus wird zum leidenschaftlichen Missionar und zum Verfasser zahlreicher Briefe des Neuen Testaments, die einen wesentlichen Beitrag zur christlichen Theologie leisten.

Paulus setzt seinen Weg fort. An seinem Zielort in Damaskus kann er sich allerdings zunächst der Gemeinde nicht zeigen. Offiziell lautet die Begründung, er habe durch die Blendung mit dem göttlichen Licht sein Augenlicht verloren.

Die Wahrheit dürfte profaner gewesen sein. Ich kann mir vorstellen, es handelte sich eher um ein blaues Auge als Ergebnis eines handfesten Kampfes im Zuge der Umwandlung von Saulus zu Paulus. Ein Apostel mit »Veilchen« verliert in den Augen der Gemeinde an souveräner Strahlkraft.

Der Frieden und Nächstenliebe predigende Jesus als rabiater Gewalttäter? Schwer vorstellbar? Nicht unbedingt. Vergessen wir nicht, dass Jesus mittlerweile ein durch Leiden und Scheitern gehärteter

Mann ist. Die Tage, in denen er sich sanftmütig auf die andere Wange schlagen ließ, sind vorbei. Seine Gegner hatten ihn brutal gelehrt, dass man einem Mann, der einem auf eine Wange schlägt, auch mal dahin treten sollte, wo es wehtut.

Mit neuzeitlichen Augen betrachtet, mag ein Identitätsdiebstahl undenkbar erscheinen. Erst mit dem Internet wird er wieder machbar. Aber lassen Sie uns nicht vergessen, dass unsere Geschichte in der Antike spielt. Einer Zeit ohne bildgebende Massenmedien, ohne Kinofilme oder Fotos – von Instagram wollen wir erst gar nicht reden. Das Aussehen eines Menschen war damals nur seinem engsten Umfeld bekannt. Selbst im Garten von Gethsemane musste man sich – in Ermangelung eines Fahndungsfotos – auf einen Kuss verlassen, um Jesus zu identifizieren.

Wer in Damaskus hatte Jesus jemals gesehen? Selbst wenn es einzelne Gläubige gegeben haben sollte, die Jesus mit jugendlichem Antlitz schon einmal in Galiläa hatten predigen sehen, hätten sie wohl Schwierigkeiten gehabt, in ihm den Auferstandenen zu erkennen, Und wenn, hätten sie ihn wohl nicht verraten.

Und Saulus? Wer unter den Bürgern von Damaskus hatte ihn zuvor schon einmal gesehen? Es hat sogar geholfen, wenn das stimmt, was Paulus später in seinem Brief an die Galater schrieb: dass Saulus den Gemeinden in Judäa, insbesondere denen in Jerusalem, persönlich unbekannt war.

Die Annahme einer fremden Identität war unter diesen Umständen nicht besonders schwierig; erst recht nicht, wenn man Begleiter hatte, die die Behauptung unterstützten.

Ich möchte auch auf den hohen Anteil an Brillenträgern in unserer modernen Gesellschaft hinweisen. Solche Hilfsmittel gab es damals nicht. Wer fehlsichtig war, sah nur verschwommene Konturen. Eine Änderung der Frisur oder des Bartes konnte für die nötige Verwirrung sorgen.

Die Zerbrechlichkeit der Identität in einer medienarmen Zeit verdeutlicht auch das Beispiel der Kaiser im europäischen Mittelalter. Sie lebten nicht sesshaft in einer Reichshauptstadt, sondern zogen ständig als Reisende mit einem großen Tross von Stadt zu Stadt und von Kaiserpfalz zu Kaiserpfalz. Sie mussten sich immer wieder landesweit dem Volk zeigen, um in den Augen ihrer Untertanen ein Gesicht zu bekommen und den Verdacht zu zerstreuen, der Herrscher sei nur eine Legende.

Natürlich gibt es seit Langem Untersuchungen, die Unterschiede zwischen Jesus und Paulus herausarbeiten. Jesus wird als volksnah und gemeinschaftsbildend beschrieben. Er war der Mann der Randgruppen, geliebt und bewundert. Paulus hingegen wird oft als Einzelgänger dargestellt. Er war ein Mann, der seinen eigenen Weg ging, oft gegen den Strom. Aber ist es nicht ein weit verbreitetes Phänomen, dass Menschen im Laufe ihres Lebens wegen negativer Erfahrungen distanzierter werden? Ich denke, wir können uns alle auf diese Aussage einigen. Niemand bleibt unverändert, und negative Erfahrungen können dazu führen, dass wir uns von der Gemeinschaft abkapseln.

Beide, Jesus und Paulus, hatten ein hohes Charisma, ohne das sie ihre Botschaft nicht hätten verbreiten können. Es ist das besondere Etwas, das Menschen dazu bringt, zuzuhören.

Was beiden nicht zweifelsfrei gegeben war, ist die Massenwirkung als Redner. Bei der Bergpredigt wissen wir nicht, wie groß das Publikum war und in welchem Maße Jesus es begeisterte. Bei dem Pfingstereignis bewirkte Jesus rhetorisch offenbar Großes. Paulus hingegen musste recht schnell erkennen, dass seine Begabung als Volksredner an ihre Grenzen stieß. Nach einem kläglichen Auftritt vor dem Volk in Athen muss ihm klar geworden sein, dass er kein geborener Redner war. Allerdings kann man ihm zugutehalten, dass es für einen Menschen, der mit Aramäisch als Muttersprache aufgewachsen war, eine hohe

Herausforderung darstellte, auf Griechisch eine Begeisterungsrede zu halten.

Jesus und Paulus hatten unterschiedliche Herangehensweisen an ihre Botschaften. Bei Jesus stand das persönliche Tun, das Wirken im Vordergrund. Er dozierte nicht nur, er lebte seine Botschaft. Paulus hingegen argumentierte eher über Dogmen wie den Tod und dessen Überwindung. Er war ein Mann der Worte, ein Denker. Auch hier ist die Veränderung von Jesus zu Paulus erklärbar. Paulus hatte erkannt, dass eine kleinteilige, zu stark differenzierte Darstellung seiner Lehre deren Wirkung die Wucht nimmt. Grobe Schlagwörter setzen sich bei der Zielgruppe besser fest. Die früher bevorzugte Arbeit des Wanderpredigers in kleinen Gruppen mit weitläufiger Diskussion generierte keinen Massenerfolg. Aber das war jetzt auch nicht mehr das Ziel. Es ging nicht mehr um Details, sondern um die Botschaft.

Jesus wird oft als einfacher Mann vom Lande dargestellt, während Paulus als Stadtmensch auftritt. Aber wir wissen nichts über Jesu Jugend. Vielleicht war er gar kein Landei? Vielleicht war er ein Stadtkind, das das Landleben liebte? Je häufiger er in Städten auftrat, umso stärker wird er sich auch angepasst haben.

Und was ist mit der frauenkritischen Haltung, die man Paulus zuschreibt und die bei Jesus offenkundig noch nicht bestand? Ich habe schon das Scheitern der Auferstehung als Großereignis am Verhalten einer Frauengruppe festgemacht. Oder kann es sein, dass Paulus einfach nur gegen die Prostitution in Korinth wetterte, die ihn anwiderte, und diese Äußerung dann zu weitgehend interpretiert wurde?

Letztlich fehlen uns Bilder von Jesus und Paulus, um sie klar identifizieren zu können. Kein Zeitzeuge hat Abbildungen von ihnen geschaffen. Aber das war in der Antike auch nicht üblich. Die Menschen damals legten mehr Wert auf die Taten und Errungenschaften einer Person als auf ihr Aussehen. Selbst von bedeutenden historischen Personen wie etwa Kleopatra gibt es keine zeitgenössischen naturalistischen Abbildungen. Das hat dazu geführt, dass die ägyptische Königin lange als Schönheitsideal galt, was neuzeitliche Wissenschaftler eher bezweifeln. Größen des Geistes und der Politik wurden im antiken Griechenland und in Rom gern als Statuen verewigt. Allerdings dürften diese Standbilder der Heldenverehrung gedient haben und daher schöngefärbt sein. Weder bei Jesus noch bei Paulus war den Römern nach Heldenverehrung zumute.

Im Übrigen ist das Spiel mit verschiedenen Identitäten so alt wie das Zusammenleben von Menschen selbst. Pseudonyme waren in der Antike durchaus verbreitet und wurden oft aus politischen oder künstlerischen Gründen verwendet. Ein bekanntes Beispiel ist das Pseudonym »Homer«, unter dem die berühmten epischen Gedichte »Ilias« und »Odyssee« veröffentlicht wurden. Die wahre Identität des Autors bleibt bis heute ein Rätsel. In der heutigen Zeit finden Pseudonyme in der Literatur, im Journalismus und sogar in der Musik Verwendung. Sie ermöglichen Künstlern und Schriftstellern, ihre Identität zu verschleiern und sich kreativ auszudrücken, ohne an ihre öffentliche Person gebunden zu sein. Ich gehöre zu den Anhängern der These, dass auch »Shakespeare« ein Pseudonym war. Und denken Sie aktuell nur an den Maler »Banksy«.

So fehlen uns persönliche Kriterien, die Jesus und Paulus hätten unterscheidbar machen können. Trugen sie einen Bart oder nicht? Welche Kleidung bevorzugten sie? Tranken sie bevorzugt Rot- oder Weißwein? Und – äh – wie war das mit ihrer sexuellen Orientierung?

Solche Details wurden nicht überliefert, weil beide Gestalten nicht als Menschen beschrieben wurden, sondern als Symbolfiguren für die Lehre, die sie vertraten. Ihr Wirken zählt. Dabei ist völlig irrelevant, ob man Jesus an einer Schuppenflechte oder Paulus an einem Muttermal hätte identifizieren können.

9. Kapitel:
Business-Plan für das Himmelreich

Paulus setzt die Reise nach Damaskus fort, nun nicht mehr, um die Christen zu jagen, sondern um ihnen zu predigen. Doch er stößt zunächst auf eine Front aus Misstrauen. Die Christen fürchten den Ruf des Saulus von Tarsus, und nun tritt ein Mann auf, bekennt sich zu dessen Identität, will aber die damit verbundene Legende umkehren.

Auch hier zeigt sich, dass nicht die äußere Erkennbarkeit die Probleme des Paulus ausmachten, sondern die Voreingenommenheit, die seine Rolle mit sich brachte. Und wieder schweigt die Bibel sich aus, wie Paulus optisch auf die Menschen in Damaskus gewirkt haben kann. Das hat natürlich Gründe.

Es ist typisch für Erzähler, die das eigene Ich zur Hauptperson wählen, sich nicht selbst zu beschreiben. Bei fiktiven Gestalten ist das anders. Aber die eigene Person liegt ja konkret vor.

Wer in der Jugend gern Karl May gelesen hat, wird sich erinnern, dass Figuren wie Winnetou und Hadschi Halef Omar sehr ausführlich und anschaulich beschrieben werden. Aber nirgends steht, wie Old Shatterhand bzw. Kara Ben Nemsi aussehen. Denn das ist der Autor selbst.

Die Christen fassen erst Vertrauen in Paulus, als ein Begleiter ihnen verrät, dieser habe den »Herrn« gesehen und sei daher praktisch von höchster Stelle autorisiert, über die Lehren von Jesus zu sprechen. Erst dann kann Paulus die Predigten aufnehmen.

Große Aufmerksamkeit löst Paulus auch bei den Juden vor Ort aus. Sie planen, ihn aus der Stadt nicht mehr hinaus zu lassen, sondern ihn zu töten. Nur mit handfester Unterstützung der Christen kann Paulus die Stadt auf abenteuerlichem Weg verlassen. Immerhin weiß er jetzt, was er auf seinem Weg zu erwarten hat.

Paulus setzt seine Mission in Nabatäa fort, einer Region, die damals – sehr zu unserer Verwirrung – auch als Arabia bezeichnet wurde. Sein längerer Aufenthalt dort passt zu der bereits mehrfach erwähnten Notwendigkeit, Ruheräume aufzusuchen. Von seiner Erweckung, die er nicht als Bekehrung empfindet, sondern als Berufung, schweigt er selbst rund zwanzig Jahre. Er sei überwältigt worden bei gleichzeitigem Empfang eines Evangeliums, das nicht von Menschen stamme. Paulus ist ein Intellektueller, der sich bedingungslos mit seiner früheren Identität als gekreuzigter Unperson identifiziert und sich mit den Ausgestoßenen abgibt.

Und es gibt vieles an Gedanken zu ordnen. Von Jerusalem ist als negative Folge der »Vielzüngigkeit«, die den Jüngern bei ihrem Wandel zu Aposteln im Zuge des Pfingsterlebnisses befohlen worden war, eine Vielzahl unterschiedlicher Interpretationen der Lehren von Jesus ausgegangen – eine wahre Kakophonie von Ideen, die das Risiko einer Fragmentierung der Botschaft nicht nur potenziell birgt, sondern schon real bewirkt hat. Paulus erkennt die Notwendigkeit einer Bündelung der umher schwirrenden Darstellungen zu einer starken, kohärenten Botschaft.

In der Frühzeit des Christentums gab es zahlreiche Konflikte innerhalb der Urgemeinde und unter den Aposteln. Zentral waren im Verlauf Auseinandersetzungen zwischen Paulus und den so genannten »Judenchristen«, zu denen auch die Apostel Petrus und Jakobus gehörten.

Die Judenchristen vertraten die Ansicht, dass die neuen Christen die jüdischen Gesetze wie die Beschneidung und die Einhaltung der Speisegesetze befolgen sollten. Sie sahen das Christentum

nicht als separate Religion an, sondern vielmehr als Erfüllung der
jüdischen Prophezeiungen. Jesus war für sie der messianische König
der Juden, der die jüdischen Gesetze nicht abschaffen, sondern erfüllen sollte.

Im Gegensatz dazu steht Paulus' Sichtweise. Als »Apostel der Heiden«
ist Paulus der Ansicht, dass die neuen Christen nicht an die jüdischen
Gesetze gebunden seien. Er argumentiert, dass die Botschaft Jesu
allen Menschen, egal ob Jude oder Heide, offenstehe und dass der
Glaube an Jesus Christus ausreiche, um gerecht zu werden.

Dieser Streit bedeutet strategisch die Konkurrenz zwischen
Dogmatikern auf der einen Seite, die die gewohnten Gesetze in
ihrer Gültigkeit bewahren und den neuen Glaubensbrüdern auf-
zwingen wollen; dagegen steht der pragmatische Gedanke von
Paulus, den Neueintritt in die Religionsgemeinschaft nicht mit Regeln zu befrachten, sondern die Tür weit aufzumachen für die
Neumissionierten. Das bedeutet praktisch weniger eine theologische Wende, sondern die Ansprache neuer Zielgruppen.

Paulus nimmt die Botschaft Jesu, interpretiert sie neu und
schreibt damit eine der erfolgreichsten Entwicklungen der Glau-
bensgeschichte. Er kündigt eine Wiederkehr von Christus an, aber
nicht nur für Israel. Über das Leben von Jesus redet Paulus kaum,
das setzt er einfach voraus. In seinem »Philipper-Hymnus« sagt er,
Jesus sei Gott gleich gewesen, habe sich aber entäußert.

Hat Jesus noch das Himmelreich kurzfristig angekündigt, rückt
es für Paulus nun in weitere Ferne. Seine Religion stützt sich auf
dogmatische Eckpfeiler. Das Abendmahl ist ihm so wichtig, dass
er hierzu einen eigenen Text anbietet. Ansonsten ist das Geschehene
zweitrangig. Im Kern bleibt Jesu Tod und Auferstehung. Paulus
geht es um das Essenzielle, die Detail-Erinnerungen der Gefährten
in Jerusalem verschleiern nur den Blick. Verabredungswissen geht
über geprüfte Erinnerung. Das bedeutet eine Spiritualisierung des
Glaubens.

Von den Jüngern redet Paulus letztlich gar nicht. Er erweckt den Eindruck, diese müssten die gleichen Wahrnehmungen gehabt haben, die er auch vertritt. Er überstrahlt das authentische Wissen der Jünger. Paulus vertritt die originäre Anschauung von Jesus, ohne durch unnötig viele Details seine Identität zu verraten. Sein Anspruch ist: »Mein Evangelium gilt, oder euer Glaube ist vergebens!«

Erst mit dem »Apostelkonzil« im Jahr 48 oder 49 n. Chr. in Jerusalem gelingt es Paulus, seine Auffassung durchzusetzen. Hier wird entschieden, dass Heidenchristen nicht die jüdischen Gesetze befolgen müssen, aber von einigen Sitten, wie dem Verzehr von Blut, absehen sollten.

Das Neue Testament ist, wie wir wissen, das Ergebnis eines langwierigen und komplexen Auswahlverfahrens, das im Laufe der ersten Jahrhunderte nach Christus stattfand. Paulus spielte dabei eine entscheidende Rolle, obwohl er Jesus angeblich nie persönlich getroffen hatte. Seine Briefe an verschiedene Gemeinden – darunter die Römer, die Korinther und die Galater – gehören zu den ältesten erhaltenen christlichen Dokumenten und wurden in das Neue Testament aufgenommen.

Warum gerade er eine solche Rolle spielte, ist eine Frage, die viele Gelehrte beschäftigt hat. Was machte ihn zum obersten Interpreten der Botschaft von Jesus Christus? Wäre es nicht logischer gewesen, dass diejenigen, die Jesus kannten – seine Jünger und engsten Vertrauten wie Johannes und Jakobus – die führende Rolle in der jungen Kirche einnahmen? Erst der Gedanke der Personalidentität zwischen Jesus und Paulus löst diesen Widerspruch auf.

Noch etwas lässt sich aus meiner Sicht in die Erklärung seines Erfolges einreihen, nämlich Paulus' Haltung und seine Konzentration auf die Römer als zu gewinnende Supermacht. Nicht mehr die jüdische Obrigkeit in Jerusalem ist sein Adressat, sondern die allerhöchste weltliche Chefetage jener Zeit am Tiber. Die Quellenlage stützt diese These.

Trotz seiner Begeisterung für das Christentum nimmt Paulus das Römische Reich nicht leichtfertig ins Visier. Er erkennt den geopolitischen Elefanten im Raum und navigiert vorsichtig durch die Realität der römischen Herrschaft. Er ruft dazu auf, die Regierung zu respektieren und sich gesetzestreu zu verhalten – zumindest solange diese Gesetze nicht im direkten Widerspruch zur Lehre Christi stehen. Eine geschickte Strategie, um seinen römischen Lesern zu versichern, dass sie Christen sein können, ohne notwendigerweise als Staatsfeinde angesehen zu werden.

Der Brief des Paulus an die Römer, oft einfach als »Römerbrief« bezeichnet, ist eine der 13 paulinischen Schriften im Neuen Testament. Er ist eine umfangreiche theologische Abhandlung und wird allgemein als das bedeutendste Werk des Apostels Paulus angesehen. Es wurde vermutlich um das Jahr 57 n. Chr. während seiner dritten Missionsreise verfasst, als er in Korinth weilte. Im Römerbrief erörtert Paulus einige der zentralen Lehren des Christentums, darunter die Lehre von der Erbsünde, die Rechtfertigung durch den Glauben und das Leben im Geist. Eine zentrale Aussage des Römerbriefs ist: »Denn soweit du im Geiste gehst und nicht im Fleische, bist du nicht unter dem Gesetz.« Hier argumentiert Paulus, dass die Christen nicht länger durch das mosaische Gesetz gebunden seien, sondern durch den Geist Gottes geführt werden. Was genau macht Paulus hier? Er spricht eine Einladung aus. Die Römer können Römer bleiben und zugleich Zugang zum exklusiven Himmelsreich des einzigen Gottes erlangen. Das Evangelium war nicht nur eine bloße religiöse Theorie; vielmehr eine leidenschaftliche Aufforderung, das Reich Gottes nicht nur als eine ferne Zukunftsvision zu begreifen, sondern als unmittelbare Realität, die bereits unter den Römern gelebt werden konnte.

Wo die große Messias-Show des guten Trabelus Schutus noch gescheitert ist, schlägt Paulus nun eine neue Brücke, klüger und eleganter, auch wenn ihm das freilich am Ende wenig nutzt. Er stirbt für seine Überzeugungen durch die Hand der Römer, die ihn des Aufruhrs bezichtigen. Doch er spricht zu den Römern als römischer Bürger und nicht als Jude, und das machte einen großen Unterschied. Er ist es, der neben Petrus die Weichen stellt, um Rom über die Hauptstadt des Römischen Reiches hinaus zur Capitale der Christenheit zu machen, die es bis heute ist.

Wir haben die Gesamtheit seiner Briefe, epistolare Meisterwerke, die den Weltbestseller-Listen der Antike getrotzt hätten, wenn es so etwas gegeben hätte, und die die Zerrissenheit und den Widerstreit innerhalb der frühen Christen ausdrücken. Sie sind eindrucksvolle Beispiele für geistreiche Prosa und religiöse Überzeugung, vergleichbar mit der Ausdruckskraft eines Shakespeare und der feurigen Leidenschaft eines Hemingway. Paulus spielte in seiner eigenen Liga und schuf die gedanklich-systematischen Grundlagen des Christentums. Während andere Erzähler Geschichten aus zweiter Hand wiedergaben und mit der gebotenen Vorsicht agierten, um nicht den Zorn der römischen Behörden auf sich zu ziehen, ging Paulus volles Risiko ein.

Er war der mutige Geheimagent, der hinter feindlichen Linien unterwegs war und dessen Hauptwaffe das Wort Gottes war. Er ist das Paradebeispiel dafür, wie man mit Mut, Entschlossenheit und einem guten Schreibstil die Grenzen des Möglichen überwinden und die Welt verändern kann.

Solche weitreichenden Wagnisse waren für Paulus gewiss nicht leicht. Äußeres Anzeichen dafür könnten Anfälle gewesen sein, unter denen er körperlich litt. In den Schriften wird mehrmals auf seine »Stiche im Fleisch« hingewiesen, die von Historikern und Medizinern oft als Migräneanfälle interpretiert wurden. Die Medizin kennt solche Auswirkungen auf Menschen, die nahe am Tod waren oder einen schweren Unfall erlitten haben. Auch Epilepsie, die durch wiederkehrende Anfälle gekennzeichnet ist, wurde Paulus schon zugeschrieben.

Doch diese Kopfschmerzen waren vielleicht mehr als nur körperliche Leiden. Sie könnten auch der Schlüssel zu einigen seiner tiefsten spirituellen Einsichten gewesen sein. Denn es gibt Fälle in der Geschichte, in denen religiöse Visionen und mystische Erfahrungen mit körperlichen Symptomen wie Migräneanfällen in Verbindung gebracht wurden. Nehmen Sie zum Beispiel die berühmten Visionen der Heiligen Hildegard von Bingen, die oft nach schweren Kopfschmerzen auftraten, oder die spirituellen Ekstasen des Heiligen Franz von Assisi, die von intensiven Migräneanfällen begleitet wurden. Paulus stand in dieser Tradition.

Die Himmelspforten aufstoßen, um einen Blick auf das Jenseits zu erhaschen, ist eben nicht ohne Nebenwirkungen.

Paulus war sicherlich kein begnadeter Stratege. Aber sein unbändiger Eifer führte ihn auf Wege, von denen wir rückschauend sagen können, sie waren zielführend.

Paulus hätte jeden Vergleich mit kommerziellen Denkweisen weit von sich gewiesen. Doch heute wissen wir, dass der Verkauf von Sachgütern im Prinzip ganz ähnlich funktioniert wie etwa bei Dienstleistungen. In der Überflussgesellschaft, in der zu leben wir das Glück haben, erleben wir alltäglich, wie Angebote nur so auf uns herabprasseln. Und alle folgen Prinzipien, die darüber bestimmen, ob wir uns zum Kauf entscheiden oder zurückhalten. Diese ökonomischen Regeln sind in ihrer Zwangsläufigkeit nicht weit entfernt von der Gültigkeit von Naturgesetzen. Nur dass sie bisweilen kritisch beäugt werden.

Moderne Ökonomen sagen, eigentlich kauft ein Kunde nicht einen Gegenstand, sondern die Idee, die er damit verbindet. Er kauft ein Auto nicht nur, weil es gut aussieht und einen kräftigen Motor hat, sondern weil er damit angeben kann, Geschlechtspartner*innen sich dafür interessieren, weil die Marke ein modernes/sportliches/

großbürgerliches Image hat oder er mit niedrigen Verbrauchswerten das Klima retten kann.

Doch mehr noch. Außer Gegenständen lassen sich auch andere Ideen wie Überzeugungen und Programme nach gleichen Regeln verkaufen. Nicht ohne Grund verpflichten die Parteien vor Wahlen Werbeagenturen, um ihren Wahlvorschlag an die Wähler zu bringen.

So hatten auch die jungen Christen und namentlich ihre Apostel wie Paulus etwas zu verkaufen. Um dies zu untersuchen, lasse ich den Ökonomen in mir heraus und betrachte das junge Christentum unter dem Gesichtspunkt seiner Marktbearbeitung. Wer etwas verkaufen will, sollte ein sogenanntes Marketing–Mix aus vier Faktoren im Auge haben: das Produkt, den Preis, die Distribution und die Kommunikation.

Produkt: Das Christentum versprach den Menschen etwas, auf das sie bis dahin nicht hatten hoffen dürfen: ein ewiges Leben über den irdischen Tod hinaus. Mehr noch, diese Ewigkeit konnte die Christen in ein paradiesartiges Himmelreich führen, in dem sich alle Bewohner mit Liebe begegnen. Möglich machte dies die Vergebung der Sünden. Dieses Versprechen war durch den Opfertod und die Auferstehung von Jesus sogar bewiesen worden. Wer bisher von höheren Mächten eher bedroht und verängstigt worden war, konnte nun Gnade erfahren und unbeschwert in eine unendliche, freudvolle Zukunft schauen. Zudem war das Heilsversprechen nicht exklusiv. Das Himmelreich stand für alle offen, die guten Willens waren. Nicht nur Adlige, Patrizier, sondern auch einfache Leute, Plebejer und selbst Sklaven waren willkommen und wurden gleich behandelt. Eine soziale, ethnische oder geschlechtliche Diskriminierung gab es nicht.

Der christliche Glaube war als Produkt hochattraktiv.

CHRISTEN
HEUTE IM ANGEBOT:
EWIGES
HIMMELREICH!

Preis: Die Gegenleistung für den Erwerb eines Gutes stellen wir uns heute primär in Geld vor. Doch bei den konkurrierenden Religionen gab es noch ganz andere Formen von Preisen.

Wer Mitglied der jüdischen Gemeinde werden wollte, musste sich beschneiden lassen. Der Gedanke, ein Stück seines liebsten Körperteils durch eine schmerzhafte und in der Antike auch risikobehaftete Operation opfern zu müssen, wird viele Männer erschreckt haben. Und wenn von Frauen kein vergleichbares Opfer verlangt wurde, so nur deshalb, weil man sie als (gefälligst schweigende) Gemeindemitglieder nicht ernst nahm.

Im Reich stark verbreitete Kulte wie die des persischen Mithras oder der ägyptischen Isis waren auch mit schmerzlichen Opfern verbunden, die sich in Geldzahlungen oder langen Phasen der Enthaltsamkeit ausdrückten. Damit macht man sich keine Freunde.

Das Angebot der Christen war niederschwellig: Das Bekenntnis zu Jesus und eine Taufe genügten. Christ zu werden verlangte praktisch keine Opfer.

Das Angebot der Christen war also nicht nur hochattraktiv, sondern auch noch preisgünstig.

Distribution: Hier geht es um die Frage, wie das Angebot an den Kunden eigentlich herankommt – und umgekehrt.

Wenn Sie als Autofahrer in Norddeutschland erfahren, dass das Benzin in Frankreich gerade besonders billig ist, nutzt Ihnen das gar nichts. Dort können Sie ja nicht tanken. Billigangebote in der Großstadt können Sie nicht locken, wenn Sie 100 Kilometer entfernt im Hinterland leben.

Wer Sachen verkaufen will, muss sich also um ein Vertriebssystem bemühen, das die Kunden erreicht, wie beispielsweise ein weitgestreutes Filialnetz oder ein mobiles Vertretersystem. Das Internet als Verkaufsplattform bietet heutzutage leichte Erreichbarkeit. Dies allerdings nur, wenn ich einem Anbieter vertraue, dem ich nicht in die Augen schauen kann.

Zugunsten des Christentums zeigte sich hier die Genialität von Paulus. Die Intensität, mit der er in allen erreichbaren Ländern Gemeinden gründete, brachte seinem Glauben ein Vertriebssystem. Wer immer sich erst im östlichen Mittelmeerraum und dann auch in Rom fragte, ob das Christentum etwas für ihn wäre, konnte in erreichbarer Nähe eine Gemeinde ansprechen, die dann Überzeugungsarbeit leistete und ihn aufnahm.

Das Christentum war also nicht nur hochattraktiv und preisgünstig, sondern auch leicht zugänglich.

Kommunikation: Wenn es um den Verkauf von Ideen geht, ist ganz entscheidend, welche Informationen die potenzielle Kundschaft erreichen. Wir alle kennen den Schwall von Werbebotschaften, mit dem wir heute zugeschüttet werden.

Jede Paste gegen Fußpilz bemüht sich verzweifelt, zwischen der Fertig-Pizza und dem Energy Drink aufzufallen. Diese Überfrachtung mit Werbebotschaften führt schon zu deren Wirkungslosigkeit und erfordert ständig neue originelle Eye (und Ear) Catcher.

In der Antike war das Gegenteil der Fall. Es gab Massenmedien nicht einmal im Ansatz. Zur Verbreitung einer Information war allenfalls die römische Verwaltung in der Lage. Alle anderen Nachrichten mussten mündlich verbreitet werden. Die Schwächen dieser Technik in puncto Schnelligkeit, Steuerbarkeit und Inhaltstreue der Botschaft sind offensichtlich.

Um auf diesem Feld zu punkten, nahm Paulus sich selbst und in der Folge seine Anhänger in die Pflicht bis hin zur Schaffung eines Schneeballsystems. Das Ausmaß seiner Reisetätigkeit würde noch heute jedem Außenminister zur Ehre gereichen. Überall, wo er eintraf, suchte er eine Gelegenheit, über Christus zu sprechen.

So klang den Menschen, die ihn hörten, das Christentum in den Ohren und weckte Begehrlichkeiten. So mancher noch unschlüssige Mann wird von seiner Entscheidungsinstanz, seiner Frau, gehört haben: »Du, Schatz, das machen wir!«

Das Christentum war also nicht nur hochattraktiv, preisgünstig und leicht zugänglich, sondern auch bald in aller Munde.

Heute können wir sagen, dass damit die maßgeblichen Voraussetzungen erfüllt waren, um die Verbreitung des Christentums zu einer Erfolgsgeschichte zu machen.

Aus jener erwähnten Vielstimmigkeit an unterschiedlichsten Darstellungen des Evangeliums setzte sich am Ende diejenige durch, die am besten präsentiert wurde – die Stimme von Paulus. Was das betrifft, herrschten schon im Römischen Reich marktwirtschaftliche Bedingungen, auch wenn damals mit diesem Begriff niemand etwas hätte anfangen können.

In einer Zeit, in der das Römische Reich den Zenit seiner Entwicklung überschritt und der Dekadenz zustrebte, die in seinen Niedergang münden sollte, erhob sich das Christentum, um eben dieses Reich zu erobern und für mehr als ein Jahrtausend die Geschicke Europas zu bestimmen.

10. Kapitel: Durchkreuzt – das Kreuz mit dem Kreuz

Die Geschichte des Christentums begann mit einer edlen, moralisch einwandfreien Idee. Sie hatte vielerorts Erfolg, weil sie in die politische Großwetterlage passte und geschickt vermarktet wurde. Daraus hätte sich ein wundervoller, glanzvoller Lebenszyklus entwickeln können. Doch Güte und Edelmut siegen nur im Märchen. Das wirkliche Leben ist anders – wie ein schneeweißes Tuch, das von einer Wäscheleine fällt und im Schmutz der Gosse landet.

Ursprünglich eine kleine, diskriminierte Glaubensgemeinschaft, bestehend aus jüdischen Außenseitern und einigen wenigen begeisterten Konvertiten, wirkte das Christentum im mächtigen Heidentum Roms beinahe unscheinbar, ja fast wie ein Sandkorn in der großen Arena des Kaiserreichs.

Aber unbeugsame Hartnäckigkeit gepaart mit einer Fähigkeit zum leidvollen Märtyrertum halfen dem Christentum, beständig an Boden zu gewinnen. Dabei hatten die Christen immer wieder mit Rückschlägen zu kämpfen.

So zur Zeit Kaiser Neros, als ein Großbrand weite Teile Roms in Schutt und Asche legte. Die Offenbarung des Johannes vor Augen, hielt die christliche Gemeinde das Flammenmeer für den Beginn der Apokalypse, die sie letztlich zum Himmelreich führen sollte.

Die Römer allerdings beobachteten, wie die Christen jubelten, und schlussfolgerten, diese müssten wohl die Brandstifter gewesen sein. Am Kreuz hängend wurde den Christen anschaulich, wie eine Verkettung von Fehleinschätzungen tragisch wirken kann. Ohne übertreiben zu wollen, ist die letztgenannte Erkenntnis als roter Faden durch die Menschheitsgeschichte zu beobachten.

Der Niedergang des Römischen Reiches beschäftigt schon einen eigenen Wissenschaftsbereich. Vieles kommt da zusammen, von innerem Zerfall über Pandemien bis zu militärischem Druck durch fremde Völker.

Wie Efeu in einer alten, zerfallenden Mauer nutzten die Christen jeden entstandenen Riss, um sich festzusetzen. Mit ihrem Einsatzwillen beeindruckten sie die politischen Beobachter, sodass ihr Glaube langsam zu einem festen Bestandteil der Gesellschaft wurde.

Diese über Jahrhunderte laufende Entwicklung mündete in die Herrschaft von Konstantin dem Großen, der dem Christentum zu seinem Sieg verhalf. Natürlich ist auch seine Bekehrung in mythologische Schleier gehüllt.

Im Jahr 312, mitten im Schlachtgewimmel an der Milvischen Brücke, sah Konstantin ein leuchtendes Kreuz am Himmel und hörte eine donnernde Stimme, die ihm sagte: »Unter diesem Zeichen wirst du siegen!«

Wie ein Wetter, der auf der Pferderennbahn einen bombensicheren Tipp erhalten hat, überlegte Konstantin nicht zweimal. Einen Gott, der so konkret einen irdischen Gewinn verspricht, lässt man nicht warten. Der Sieg seiner Truppen unter dem Zeichen des Kreuzes war sein Lohn und die Hinwendung zum Christentum seine Konsequenz. Diese Geschichte könnte einer der Auslöser dafür sein, dass selbst im Zweiten Weltkrieg die deutsche Wehrmacht ihre Waffen von Priestern segnen ließ. Eine Erfolgsgarantie war damit allerdings nicht verbunden.

Außer himmlischen Zeichen und Schlachtenglück könnten allerdings auch sehr rationale Überlegungen Konstantin zum Christentum geführt haben. Ich traue ihm die Erkenntnis zu, dass totalitäre Macht Vorteile hat gegenüber der autoritären.

Wer autoritär herrschen wollte, argumentierte: »Wenn Ihr zweifelt, ob ich der neue Kaiser bin, dann schaut, wie viele Soldaten hinter mir stehen!«

Der totalitäre Herrscher stützte sich auf die einzig akzeptierte Wahrheit: »Ihr könnt Soldaten haben, soviel Ihr wollt. Ich stehe für die Herrschaft Gottes im Geiste der Vorsehung. Ich bin der einzig legitime Herrscher.«

Der Bezug auf eine allgemein akzeptierte Wahrheit hat entscheidende Vorteile. Im Dienste der Wahrheit zu stehen, motiviert die eigenen Kämpfer und verunsichert die Gegner. Während Mehrheiten schwanken können, ist der Bezug auf eine höhere Ordnung stabil und muss nicht ständig in kräftezehrenden Debatten verteidigt werden. Hier liegt die Basis für das Gottesgnadentum des Mittelalters.

Zurück zum praktischen Tun Konstantins. Mal eben fix getauft, erließ er sein »Edikt von Mailand« von 313, das die Religionsfreiheit innerhalb des Römischen Reiches verfügte und somit auch den christlichen Glauben legalisierte, ihm letztendlich Wege zur Expansion ebnete. Die Verfolgung der Christen war Geschichte.

Als Folge des Ediktes wurden auch beschlagnahmte christliche Eigentümer zurückerstattet, was die gesellschaftliche Stellung der Christen wesentlich verbesserte und den christlichen Glauben in der römischen Gesellschaft festigte.

Der nächste Schritt war die Erhebung des Christentums zur Staatsreligion. Dies zog bedeutende Folgen nach sich. Wie bereits erwähnt, war die christliche Lehre stark zersplittert. Sie beruhte neben mündlichen Überlieferungen, in die sich naturgemäß überhaupt keine Ordnung bringen ließ, aus einer großen Anzahl von Schriftsätzen diverser, teils unbekannter Autoren, die unkontrolliert von Hand zu Hand weitergereicht wurden.

Damit ließ sich im wörtlichen Sinne »kein Staat machen«. Konstantin erkannte, dass ein solches Konvolut an ungeordneten Schriften nicht Grundlage einer Staatsreligion sein konnte. Er verlangte daher eine Kanonisierung des Materials und verfolgte dieses Ziel mit eiserner Hand. Im Jahr 325 wurden alle christlichen Bischöfe des Reiches nach Nicäa in der heutigen Türkei beordert und dort kaserniert. Ihr Auftrag war es, einen verbindlichen Kanon jener Schriften zu definieren, die Grundlage des Christentums sein sollten.

Ein weiteres drängendes Problem war das Aufkommen des Arianismus. Dieser stellte eine theologische Position dar, die die Gottgleichheit des Sohnes (also Jesus Christus) leugnet. Sie argumentierte, dass der Sohn von Gott dem Vater erschaffen wurde und daher nicht mit ihm wesensgleich, das heißt, nicht von gleicher Substanz sei. Sie wollte praktisch von der Dreifaltigkeit zur Einfaltigkeit [Entschuldigung, dieses Wortspiel konnte ich einfach nicht unterdrücken]. Solche Spalter konnte Konstantin nicht brauchen.

Der Kaiser setzte die Bischöfe stark unter Druck, eine Vorgehensweise, die der einer Papstwahl ähnelte, wie wir sie kennen. Erst, wenn eine Entscheidung getroffen war und dies durch eine weiße Rauchfahne signalisiert worden war, durfte das Konvent sich auflösen.

Viele Gläubige meinen zwar, die Bibel komme direkt von Gott. Die Wahrheit ist wesentlich profaner bis hin zum Haarsträubenden.

Wie dort hinter verschlossenen Türen über die schriftlichen Zeugnisse beraten wurde, kann man sich vorstellen. Es wird auch die eine oder andere philosophische Diskussion gegeben haben. Ansonsten werden die Bischöfe über ihre unterschiedlichen Sichtweisen gestritten haben wie die sprichwörtlichen Kesselflicker. Manche Auswahl wird auf so etwas wie einem »Kuhhandel« beruht haben: »Akzeptierst du meine Schrift, akzeptiere ich deine Schrift.«

Das Ergebnis war das Neue Testament der Bibel.

Entscheidungen, die methodisch in dieser Weise zustande kommen, können natürlich nicht inhaltlich sauber erarbeitet sein. Es ist ein Wildwuchs zu erwarten, der Elemente enthält, welche die dickköpfigste Gruppe durchgeboxt hat. Andererseits wurden Schriften, die wertvolle Informationen enthielten, ausgesondert, weil sich für sie keine Mehrheit fand.

So sollten wir die kanonischen Texte in der Bibel mit nicht allzu viel Pathos betrachten. Daneben können apokryphe Texte außerhalb der Bibel wertvoll sein. Einziger Trost: Um die Quellenlage des Alten Testamentes ist es noch weit schlimmer bestellt.

Mit diesen Entwicklungsschritten des Christentums war die Grundlage geschaffen für die Herrschaftsformen des Mittelalters, die man als totalitär bezeichnen muss. Ich folge dabei einer Definition, die jede Lehre als totalitär erkennt, die nur eine einzige Wahrheit anerkennt und somit jede oppositionelle Haltung verteufelt. Wer abweichende Lehren vertritt, ist nicht nur ein Lügner und Verräter, sondern ein Werkzeug des Teufels. Er darf verfolgt, bestraft und letztlich getötet werden.

Wer diese Definition aufmerksam gelesen hat, wird die unliebsame Tatsache erkannt haben, dass alle monotheistischen Religionen ihrer Natur nach totalitär sind. Für die Menschen im europäischen Mittelalter blieb diese Erkenntnis nicht abstrakt. Die Kirche selbst und die weltlichen Herrscher, die sich auf diese beriefen, errichteten regionale Machtmonopole, die ihre Interessen zulasten der Menschen mit größter Brutalität durchsetzten.

Noch heute sind deren äußere Zeichen als Sehenswürdigkeiten zu bestaunen: verschwenderisch opulente Schlösser und das Himmelreich veranschaulichende Tempel, Kathedralen genannt.

Vor Jahren besuchte ich als Tourist die »Goldene Stadt« Prag. Dort fand ich zufällig am gleichen Tag in der Nähe der berühmten Karlsbrücke zwei Besuchsstätten, die einen Zusammenhang sichtbar machten. Das erste war, am linken Ufer der Moldau, ein Museum für Folterwerkzeuge des Mittelalters. Aus den Begleittexten wurde ersichtlich, dass es im Wesentlichen die Kirche selbst war oder solche, die sich auf sie beriefen, die Menschen unmenschlich quälten und folterten. Ziel war es, alle Widerstände zu brechen und alles aus ihnen heraus zu pressen.

Kurz darauf betrat ich auf der anderen Uferseite eine Kirche, es war wohl die St.-Nikolaus-Kirche, die besonders viel prachtvollen goldenen Schmuck enthielt – eine Demonstration unendlichen Reichtums. Da wurde mir klar, dass beide Eindrücke zusammen gehörten. Die Menschen waren brutal gequält worden, damit die Kirche mit Macht und Wohlstand protzen konnte.

Mit dieser Erkenntnis war über die Rolle der Kirche über ein Jahrtausend im Mittelalter praktisch alles gesagt. Sie berief sich ständig auf Jesus, handelte aber genau gegenteilig.

Wo Jesus aufrief, die Feinde zu lieben, wurden Vernichtungskriege geführt. Denken Sie an die Vernichtung der Katharer, den Krieg Karl des Großen, der das Volk der Sachsen beinahe ausrottete, um es zur Taufe zu zwingen. Und als Großereignisse wurden Kreuzzüge geführt, die bis heute noch tiefes Misstrauen der Muslime gegen die europäischen Christen begründen.

Jesus sprach von Liebe, Milde und heilte Leidende. Die sich auf ihn beriefen, folterten jeden vermeintlichen Abweichler und verbrannten ungezählte Menschen auf Scheiterhaufen. Die Methodik der Kirche ähnelte dem, was wir heute von der organisierten Kriminalität kennen, etwa bei der Schutzgelderpressung. Dort bedroht man Menschen, macht ihnen scheinbar ausweglose Angst, um ihnen dann den Schutz der eigenen Organisation anzubieten – natürlich nur gegen

saftige Geldzahlungen. Jesus hatte zwar gesagt »Fürchtet Euch nicht!«, doch die Kirche machte den Menschen Angst mit Dämonen, ewiger Verdammung, dem Fegefeuer und natürlich dem Teufel persönlich. Dagegen bot sie dann den Schutz der Kirche an gegen Spenden und Ablasszahlungen. Der Zugang zum Seelenheil wurde käuflich, wo Jesus noch die Händler aus dem Tempel getrieben hatte.

Das Gottesgnadentum war praktisch, denn es schlug jeden Widerspruch mit der göttlichen Keule platt, und die Monarchen konnten regieren, weil ihre Herrschaft durch den Willen Gottes legitimiert war.

Mit der Kolonialisierung wurde das Prinzip »Tod oder Taufe« auch über andere Kontinente verteilt. Die Heidenmission war weniger ein Werkzeug zur Seelenrettung, sondern vielmehr eines zur Durchsetzung kirchlicher Allmacht.

Die Wunder des Herrn war ferne, unwirkliche Vergangenheit. Das wahre Kunstwerk des Christentums bestand nicht in der Inszenierung von Wundern und Zeremonien, sondern in der Manipulation und Ausplünderung von Milliarden Menschen durch einen genialen Schachzug – das Prinzip Hoffnung.

Aus einer Gruppe, die einst im Stillen ihr Brot brach, war Staatsterror erwachsen, getarnt unter dem Deckmantel göttlicher Vorsehung und vollzogen im geheiligten Namen Jesu, des Mannes, der einst die Nächstenliebe predigte. Ein Paradoxon biblischen Ausmaßes!

Erst Jahrhunderte später, beginnend mit der Reformation im 16. Jahrhundert, bedurfte es großräumiger geistiger Bewegungen, damit sich Risse in dem monolithischen Gebilde der Kirchenmacht zeigten. Der unbedingte Wille des Katholizismus zum Machterhalt drückte sich in einem Krieg aus, den man nach seiner Dauer den Dreißigjährigen nennt und der Mitteleuropa verwüstete.

Es bedurfte einer weiteren epochalen geistigen Bewegung, der Aufklärung, um die kirchliche Machtstruktur allmählich erodieren zu lassen. Erst in dieser Epoche der Entfesselung des Geistes hätte ein Jesus von Nazareth sich halbwegs wiederfinden können.

Das Christentum in seiner heutigen Situation darzustellen, ist mir zu unappetitlich. Natürlich gibt es noch immer diese Menschen, die sich lieber in den sicheren Hafen des Glaubens retten, anstatt sich dem wüsten Meer der Veränderung zu stellen. Manch ein Gläubiger ist wie ein langjähriger Abonnent eines Magazins, das er schon lange nicht mehr liest, aber aus Gewohnheit weiterbezahlt. Die christlichen Kirchen verkörpern den Geist der Antike, gezwängt in eine Organisation des Mittelalters. Damit wirken sie in der Neuzeit anachronistisch.

Hätte Jesus das Pech, heutzutage wieder in das irdische Jammertal hinabzusteigen, würde ihn das Entsetzen packen angesichts dessen, was aus seinem Gründungsgedanken geworden ist. Er selbst soll in der Wüste dem Teufel widerstanden haben. Dafür hat dieser sich 500 Jahre später revanchiert und von seiner Glaubensbewegung Besitz ergriffen.

Ein unter uns lebender Jesus müsste anknüpfen an die Tempelreinigung. Er würde durch Schulen und öffentliche Gebäude stürmen, um die Kruzifixe von den Wänden zu reißen, weil er sich damit nicht identifizieren kann. Unsere Kirchen erinnerten ihn an die Kulte der Pharisäer, gegen die er einst antrat. Und wenn man ihm den Petersdom zeigte, würde er sich wünschen, das verschlafene Nazareth nie verlassen zu haben. In seinem Namen wurde genau das vervollkommnet, was er bekämpfte.

Das Leben ist zynisch. Vermeintlich große Dinge beruhen auf Pleiten, Pech, Pannen, kleinen und großen Schweinereien, Missverständnissen,

LOVE
&
PEACE

dummmen Zufällen und fehlerhafter Übermittlung. Was als heilig gilt oder einem Tabu unterliegt, muss dringend hinterfragt werden.

Dieses Buch erzählt die um Mystik bereinigte Geschichte eines Mannes, der mehr als ein Leben lebte, mehr als einen Namen führte, mehr als eine Ideologie predigte, mehr als ein Himmelreich erwartete, mehr als einen Verrat überstand, mehr als ein Verbrechen beging, mehr als einen Menschen rettete, mehr als einen Kranken heilte, mehr als einen Dämonen austrieb, mehr als ein Wunder vollbrachte, mehr als einen Trick vorführte, mehr als eine Kultur beeinflusste, mehr als eine Gemeinde gründete, mehr als einmal seine Strategie wechselte, mehr als einmal die Zuhörer in seinen Bann zog, mehr als einmal das Neue Testament mit seinen Schriften flutete, der mehr als ein Jahrtausend prägte und letztlich mehr als einen Tod starb.

Jesus glaubte, die von einem wohlmeinenden Gott erschaffenen Menschen müssten dafür tauglich sein, unter dem Zeichen der Liebe zu einem Himmelreich hingeführt zu werden. Doch die Menschen, insbesondere jene, die ihm nachgefolgt sind, verstanden ihn nicht. Das liegt daran, dass Jesus die Menschen nicht verstand. Die real existierenden, zum Denken befähigten Resultate der biologischen Evolution auf diesem Planeten sind von ganz anderer Natur.

Sorry, Jesus!